Diana corazón roto

Diana
corazón roto

Realización:
News Agent3 / ADI

Textos:
Alejandro Sorivés

Imprime:
PRINTER-IGSA

Depósito legal:
B.35907-1997

ISBN: 84-395-6128 8

Indice

Introducción.. 7

Capítulo I
El funeral.. 19

Capítulo II
Un dolor que conmociona
al mundo.. 47

Capítulo III
La última noche.. 61

Capítulo IV
La relación con Carlos.. 71

Capítulo V
Idilios para escapar
de la triste realidad.. 79

Capítulo VI
Dodi y la llegada del amor.................. 87

Capítulo VII
Un modelo de mujer.......................... 97

Capítulo VIII
Los hijos.. 103

Capítulo IX
Una herencia multimillonaria............113

Capítulo X
La familia real, cuestionada..............117

Capítulo XI
Guillermo, el mito
Diana continúa................................ 127

Capítulo XII
Rumores, rumores
y más rumores................................ 139

Apéndice
Cronología.................................... 147

INTRODUCCIÓN

El nacimiento de un mito

ocas personas han estado tan presentes en los medios de comunicación como la princesa Diana de Gales. La retransmisión televisiva de su boda con el principe Carlos, el hererero del trono británico, batió records de audiencia en 1981. Su funeral, el pasado día 6 de septiembre, fue también un acontecimiento seguido desde todos los rincones del planeta y se convirtió en un espectáculo de masas sin parangón, que pulverizó las marcas conseguidas dieciséis años antes.

Los dieciséis años que separan ambas ceremonias convirtieron a la malograda princesa en una celebridad mundial. A lo largo de más de tres lustros, la figura de Diana ha ido creciendo, a la vez que la de su marido y su familia política se degradaba paulatinamente, a la vista de todo el mundo.

La de Diana es una historia agridulce. Todo empezó como un cuento de hadas, en el que una bella joven de la nobleza británica conquistaba el corazón del futuro rey. No fue un noviazgo largo. Aunque se habían conocido años antes, en una cacería, nada hizo pensar en un principio que la hija menor del conde Spencer iría al altar del brazo del hijo de la reina.

Compromiso oficial

El anuncio oficial del compromiso marcó el inicio de la vida pública de la entonces futura princesa. Su llegada fue un soplo de aire fresco para la imagen de la corona británica, tan apegada a la tradición. Su aspecto juvenil contrastaba con el de su marido, el príncipe de Gales, que durante toda su vida siempre ha tenido dificultades para comunicarse con su pueblo.

Diana, en cambio, a pesar de su acentuada timidez, demostró muy pronto que sabía cómo llegar a las gentes y hacerse querer por todos. Ese era, sin duda, el aspecto más destacado de su rica personalidad, la faceta humana que le valió ser proclamada 'princesa de corazones'.

Amor y desamor

El amor, precisamente, o, mejor dicho, la ausencia de éste, marcó la vida de Diana. La joven princesa, que llegó enamorada al matrimonio, descubrió muy pronto que su marido no le correspondía. Fue un duro golpe para una muchacha que había pasado del anonimato a ser portada en publicaciones de todo el mundo.

Aparentemente, no obstante, todo en la vida le sonreía. Menos de un año después de su boda, Diana daba a luz a su primer hijo, Guillermo, llamado a ser rey algún día. Dos años más tarde nacía Enrique, su segundo hijo.La princesa siempre se mostró como una madre amorosa. Mientras su matrimonio se desmoronaba y sus desavenencias con la familia real se hacían cada día más evidentes, Diana luchó para conseguir que sus hijos tuvieran "una vida normal". Un tarea realmente difícil.

Una de sus obsesiones fue la de proteger de la prensa a los jóvenes príncipes. Diana siempre fue el objetivo preferido de todas las miradas. Su espontaneidad, su belleza, sus problemas y su comportamiento tan alejado de los usos de la corona británica hicieron de ella un blanco perfecto para la prensa amarilla británica.

Diana conocía bien las reglas no escritas que regían su relación con los medios de comunicación. Probablemente, porque los utilizó muchas veces a lo largo de su vida en beneficio propio y, también, en el de las innumerables causas benéficas en las que tomaba partido.

Estrella mediática

Fueron los medios de comunicación los que la proyectaron como la encantadora protagonista de un cuento de hadas. Luego, cuando la fábula resultó ser en realidad una pesadilla, Diana trató de sacar partido, siempre que pudo, de su buena imagen pública. En el amor y en la guerra todo vale y la unión de Carlos y Diana llegó a ser una guerra. La princesa luchó por defender su imagen y sus derechos como esposa y, sobre todo, como madre de dos hijos.

El fracaso de su matrimonio sumió a Diana en una profunda depresión, que estuvo acompañada por trastornos alimenticios y hasta cinco intentos de suicidio, que ella no reconoció. Carlos nunca dejó de verse con su verdadero amor, Camilla Parker-Bowles, mientras su esposa se iba hundiendo cada día un poco más. El desamor y la constante búsqueda de cariño marcaron los últimos años de su vida, siempre bajo la atenta, insistente e indiscreta mirada de los 'paparazzi'.

Vivir una mentira

Diana demostró que no podía vivir en una mentira. Podía haber soportado la indiferencia de su esposo y contentarse con una vida de lujo y 'glamour', llegando algún día a convertirse en reina consorte. Bastaba con seguir interpretando el papel que la historia y su marido parecían haberle asignado. Pero la princesa prefirió renunciar a esa cómoda mentira y se decidió a intentar reconducir su vida en busca de una felicidad que siempre se le mostró esquiva.

En noviembre de 1995, Diana aprovechó las cámaras de la BBC, la televisión pública británica, para poner punto y final a lo poco que quedaba de lo que un día se anunció como un cuento de hadas. En una entrevista sin precedentes, Diana confesó haber sido infiel a su marido, después de constatar que este seguía viéndose con Camilla Parker-Bowles. Con aquella confesión, en la que la princesa habló también de sus problemas alimenticios y de sus inseguridares, Diana renunciaba a ser reina algún día. Pero también alejaba la corona de la testa de su marido, cuya imagen no salía precisamente bien parada de las confesiones de Lady Di. Durante la entrevista, incluso expresó en voz alta sus dudas acerca de la capacidad de Carlos para reinar. Después de reconocer que su marido le había decepcionado totalmente, hizo un retrato ajustado de su personalidad. Con un tono sincero que atrapó a la audiencia, acabó de hundir la escasa credibilidad de la que todavía disfrutaba el heredero de la Corona. Diana protagonizó un espectáculo de masas y, de paso, se liberó de sus fantasmas interiores.

Reinar después de muerta

La imagen de Diana pesará siempre como una losa sobre el primogénito de la reina Isabel. Incluso después de su muerte, sigue condicionando la vida del eterno principe de Gales. La opinión pública siempre vio en Carlos al causante de la infidelidad de su apreciada princesa. Si Carlos quiere llegar algún día a suceder a su madre, deberá 'lavar' su maltrecha imagen comportándose como un viudo y un padre ejemplar. Su relación con Camilla Parker-Bowles tiene ahora casi más obstáculos que antes de la muerte de Diana.

Carlos fue siempre por detrás de su mujer en la batalla por convencer a la opinión pública. Cuando Carlos respondía a la aparición de Diana ante las cámaras de la BBC con una entrevista similar, Diana tenía en las librerías su polémica biografía, 'Diana, su verdadera historia', escrita por el periodista Andrew

Morton. En el libro se profundizaba sobre los continuos desaires que sufrió por parte de su marido y las difíciles relaciones con el resto de la familia.

Familia. Precisamente, era una de las obsesiones y, a la vez, frustraciones de la princesa de Gales. Sus padres se divorciaron cuando era una niña y, por ello, había vivido en sus propias carnes los traumas y problemas que una situación de ese tipo crea en los hijos. Diana afirmó muchas veces que su mayor deseo era tener una familia unida y feliz, algo que le resultó del todo imposible desde el mismo momento en que contrajo matrimonio con Carlos.

En ese sentido, su divorcio, en 1996, le abrió las puertas a un futuro mejor. Su sueño de fundar una familia convencional parecía ya inalcanzable, pero aún podía encontrar la felicidad. En los últimos meses de su vida, Diana mostró una imagen más atractiva que nunca. Había acabado con una farsa que le había hecho profundamente infeliz durante quince larguísimos e interminables años. Era evidente que nunca sería reina consorte, pero mantenía el cariño de sus compatriotas, como luego se comprobaría en la hora de su adiós definitivo. Y, por supuesto, contaba con el afecto incondicional de sus hijos, que adoraban a su madre.

Recuperar la autoestima

Con parte de su autoestima recuperada, Diana empezó a frecuentar la compañía de Dodi al Fayed. Al parecer, según cuentan los íntimos de Lady Di, junto al magnate egipcio la princesa encontró el verdarero amor. Pero su historia de amor fue demasiado breve y tuvo un final que no pudo ser más trágico.

Diana y Al Fayed se vieron sometidos a una persecución sin descanso por parte de los 'paparazzi'. La última finalizó con la muerte accidental de la pareja y del chófer que conducía el lujoso Mercedes en el que viajaban.

La princesa y el hombre de negocios egipcio fueron los protagonistas del verano de 1997 en la prensa británica y en un gran número de publicaciones de todo el planeta. Las fotos de la pareja a bordo del yate de Dodi dieron la vuelta al mundo y llevaron a algunos desaprensivos a realizar algún que otro retoque para añadir un poco más de morbo a las imágenes captadas. La prensa sensacionalista se frotó las manos con la historia del nuevo amor de la princesa triste que nunca podría reinar.

Muerte accidental

Diana carecía de vida privada. Eso le facilitó en ocasiones la proyección de su imagen pública, la que ahora, después de muerta, alimenta su recuerdo. Pero también la hizo muy desgraciada. La princesa no supo, o no pudo, encontrar nunca el equilibrio.

La trágica madrugada del 31 de agosto, el infortunio se alió una vez más con Diana. Se han búscado culpables para explicar lo sucedido. La actitud de los fotógrafos, la presumible borrachera del conductor, el exceso de velocidad... Incluso circulan hipótesis de lo más curiosas e inverosímiles que hablan de un atentado o de un complot internacional para acabar con la vida de la princesa y de su novio.

Al margen de lo que resuelvan los tribunales de justicia, lo único cierto es que aquella madrugada en París murió una joven princesa de 36 años, que había tenido una existencia singular, pero que había sabido, por encima de su propia infelicidad, llevar alegría y esperanza a los más desfavorecidos. Alguien dotado de una personalidad única, a la que muchos aseguran que le venía grande el papel de princesa, pero a la que casi nadie discutió su capacidad para ganarse el respeto y el cariño de su pueblo. Una cualidad que, sin duda, debería ser innata para cualquier miembro de la realeza, pero que era un bien escaso en una Casa Real que ha vivido demasiado tiempo alejada del pueblo y de la evolución de la sociedad.

Futuro incierto

Este libro recoge la esencia de la vida de Lady Di y de las muestras de cariño que recibió en su funeral. Y también planea por encima del difícil futuro de la monarquía británica y del no menos complicado papel que la historia le ha reservado a su primogénito, el principe Guillermo, un adolescente de 15 años, que es el vivo retrato de su madre. El futuro rey le había prometido a Diana que cuando reinara le devolvería el tratamiento de Alteza Real que perdió al divorciarse de su padre. Un deseo que, desafortunadamente, ya nunca podrá cumplir.

Aquella madrugada en París murió una princesa que ya no aspiraba a ser reina, pero nació un mito mayor e inmortal: el de la 'reina de corazones'.

CAPITULO I

El funeral

l sábado 6 de septiembre, las calles de Londres presentaban un aspecto desconocido. Dos millones de personas se congregaron a lo largo del recorrido que debía seguir el féretro con los restos mortales de la princesa Diana. Miles de millones de personas siguieron por televisión el último acto público protagonizado por Lady Di, que fue el mejor homenaje con el que jamás pudo soñar la princesa.

El silencio, mezcla de respeto y dolor, acompañó el tránsito del ataúd desde el Palacio de Kensington, residencia de Diana, hasta la abadía de Westminster, donde se celebró la ceremonia religiosa. Era una mañana soleada, con una temperatura agradable, un oasis en medio del clima siempre imprevisible y, por lo general, lluvioso de la capital inglesa. El marco ideal para un acto fastuoso, pero, sobre todo, emotivo.

Lo que sucedió aquella mañana ha contribuido a ensalzar el mito de Diana. La reina, que siempre consideró a la princesa como una piedra en su zapato, se vio obligada a ceder a la presión ejercida por sus súbditos a lo largo de la semana. Reclamaban de la soberana un gesto con el que demostrar su dolor y su respeto por la desaparición de la madre de sus nietos.

Un gesto real

La proverbial frialdad de los Windsor, apegados a la tradición y las costumbres, había regido el comportamiento de Isabel II y sus allegados en los días que siguieron a la muerte de Lady Di. La familia real se recluyó en el castillo de Balmoral, donde también se encontraban los dos hijos de la princesa.

La actitud, ya tradicional de la soberana, disgustó mucho a un amplio sector de la opinión pública británica. A través de los medios de comunicación, se solicitó a Isabel II que demostrara que ella también sentía lo sucedido, más allá de los fríos comunicados oficiales.

La primera respuesta de la reina llegó a través de una alocución televisiva, en la que afirmó compartir los sentimientos de sus súbditos, pero reclamó su derecho a expresarlos en la intimidad. En realidad, la verdadera concesión, la muestra de respeto y pesar que el pueblo le reclamaba, se produjo el mismo día del entierro.

La costumbre marca que en el mástil del palacio de Buckingham siempre esté ondeando el estandarte real cuando la soberana se encuentra en palacio. Cada vez que Isabel II abandona su residencia oficial, la bandera es arriada. El día del funeral, mientras la reina estuvo en palacio, el estandarte se mantuvo en lo alto del mástil. Cuando la soberana se unió al cortejo fúnebre, hacia las 10.45 horas, el estandarte fue retirado, pero, en su lugar, se arrió una bandera británica a media asta. La concesión de la reina no pasó desapercibida para los presentes, que aplaudieron la decisión real. Fue, cómo no, un gesto enmarcado en la tradición y no una demostración de cariño más expresiva. Por lo tanto, algo sig-

---

"Su muerte no sólo es una pérdida para la nación, sino una pérdida personal de cada uno de los ciudadanos de este país"

Tony Blair, primer ministro británico

---

nificativo viniendo de una reina entregada a los usos del pasado.

Diana nunca fue santo de la devoción de Isabel II. Las personalidades de ambas eran claramente opuestas y siempre les fue difícil encontrar puntos de convergencia. El carácter abierto, a pesar de su timidez, de Lady Di contrastaba con la tirantez que siempre ha regido la vida de la soberana británica. Isabel II había seguido con atención la vida que la joven tuvo antes de conocer a Carlos. Era una chica de buena familia y no se le conocían novios ni amantes. Además, los Windsor siempre pensaron que Diana, que sólo contaba 19 años cuando contrajo matrimonio, sería fácil de manejar. A fin de cuentas, era la protagonista de un cuento de hadas. La realidad, sin embargo, fue bien distinta.

Un entierro conmovedor

El adiós de Diana Spencer es de aquellos que nadie duda en calificar de conmovedor. Las muestras de cariño que la princesa había recibido desde su fallecimiento, tuvieron su punto culminante en el momento de su último adiós.

El primer ministro británico, Tony Blair, tuvo un papel decisivo para que la familia real organizara unos funerales espectaculares para Diana, que no pasaba por ser, precisamente, uno de sus miembros más apreciados.

Ante la aparente desidia que marcó la reacción oficial del palacio de Buckingham, fue el 'premier' laborista el que salió en defensa de la monarquía. Fue él quien convenció a la reina de que urgía dar la cara y de que se uniera al sentimiento de pesar generalizado de su pueblo. Con su eficaz trabajo, Blair ha ganado enteros en popularidad, pero bien es cierto que de no haber tomado las riendas de tan delicada situación, Carlos y la monarquía habrían salido muy debilitados de todo lo sucedido tras la muerte de la princesa. "La familia real comparte nuestro dolor y deberíamos respetarla por ello", manifestó en un intento de aplacar las críticas a la Corona.

Esta negociación de Blair con la Casa Real tuvo lugar el martes 3 de septiembre. Carlos escuchó cómo el primer ministro le exponía por teléfono una serie de razonamientos. Blair ma-

---

"Yo admiraba y respetaba a Diana por su energía y su compromiso hacia los demás"

Isabel II

---

nifestó al heredero que "hay que acabar con la tradición y dar respuesta a lo que siente y pide la nación; hay que darle a Diana un funeral de primera dama". El príncipe convenció a la reina de la necesidad de hacer caso de los consejos del político laborista.

Escolta real

El féretro circuló por las calles de Londres sobre un armón de artillería tirado por seis caballos negros. Una docena de miembros de la Guardia de Gales, ataviados con su tradicional casaca roja y su espectacular gorro negro, junto a otros siete representantes del Regimiento Real de Artillería, componían la escolta. Un grupo de políticos de distinto signo pidió, horas después del funeral, una condecoración para los militares que participaron en el funeral.

Sobre el ataúd, cubierto con la bandera de la Casa Real británica, descansaban tres coronas de azucenas, la flor blanca preferida y más querida de Diana. Una correspondía a su ex-marido, el principe Carlos, y las otras dos a cada uno de los hijos del matrimonio. Sobre una de las coronas, había un sobre blanco en el que el principe Enrique escribió la palabra mamá.

La guardia real lleva el féretro de Diana en hombros ante la mirada de sus hijos, su hermano y su ex-marido

Al margen de la escolta, el féretro fue seguido por Carlos de Inglaterra, los príncipes Guillermo y Enrique, Charles Spencer, el único hermano varón de la princesa de Gales, y el duque de Edimburgo, marido de la reina, vestidos con un riguroso traje negro. A unos pasos caminaban representantes de las 110 organizaciones benéficas apadrinadas por la princesa.

La abadía de Westminster, todo un símbolo de la monarquía británica, fue el punto de destino del cortejo fúnebre. En su interior, la reina y el resto de los dos mil invitados, entre los que se encontraban representantes de todas las casas reales, mandatarios políticos, y representantes del mundo de la cultura, esperaban la llegada del féretro. Westminster es el escenario en el que se lleva a cabo la coronación de los reyes británicos y es, también, el lugar en el que son enterrados.

Igual que si de una maquinaria de precisión se tratara, el funeral y entierro de la princesa Diana de Gales respondió a un programa que se cumplió al segundo. No hubo el más mínimo error y todo se ejecutó tal como estaba previsto. La magia del acto, con la televisión de todo el mundo siguiendo el desarrollo, no admitía desaciertos.

El homenaje de Elton John

La ceremonia religiosa tuvo su clímax en la persona de Elton John. Amigo íntimo de la princesa, el cantante interpretó una adaptación que él mismo realizó sobre una de las canciones favoritas de Lady Di, 'Candle in the wind', una obra del propio Elton John y del letrista Bernie Taupin. Es de una balada creada por el músico inglés en recuerdo de Marilyn Monroe, pero ahora con una letra en honor a Diana. La nueva versión dice así:

"Adiós, rosa de Inglaterra;
no dejes de crecer en nuestros corazones,
tú eras la bendición que llegaba
a las vidas destruidas.

Tus gritos se escucharon en todo el país
y tus susurros reconfortaron a los que sufrían.
Ahora tu lugar está en el cielo
y las estrellas repiten tu nombre.

"Eres un ser humano de cualidades únicas y no hace falta que te vean como una santa"

Charles Spencer, refiriéndose a su hermana Diana

Muchos británicos esperaron durante horas para dar su último adiós a Diana, como la joven de la imagen

Y parece que has vivido
como una llama en el viento,
nunca se apagaba con el ocaso
o cuando llovía.

Se seguirán escuchando tus pasos
en las verdes praderas de Inglaterra,
tu llama se ha consumido,
pero tu leyenda sobrevivirá con el tiempo.
Hemos perdido tu encanto,
estos días sin tu sonrisa.

Esta antorcha que siempre llevaremos
en nombre de nuestra hija de oro.
Y aunque intentemos evitarlo,
la verdad nos hace llorar.
Todas nuestras palabras no pueden expresar
la alegría que nos brindaste durante años.

"Al comienzo del último verso se me quebró la voz y estuve preso por la emoción. Pero tuve que cerrar los ojos y apretar los dientes para seguir"

Elton John, refiriéndose a su interpretación de 'Candle in the wind' durante el funeral

---

Adiós, rosa de Inglaterra,
de un país perdido sin tu alma,
que echará de menos las alas de tu compasión
mucho más de lo que nunca llegarás a saber."

Las lágrimas afloraron en los ojos de muchos de los invitados a la ceremonia mientras el amigo de la princesa interpretaba la canción que le había dedicado. Entre los que no pudieron contener la emoción se encontraban los príncipes Guillermo y Enrique. La imagen no fue difundida por la BBC, encargada de la realización televisiva del acto. En una actitud respetuosa, tampoco mostró primeros planos de los familiares más allegados a la princesa.

Elton John, inmediatamente después de finalizar el funeral, entró en un estudio de grabación junto al productor George Martin, 'el quinto beatle'. Su intención era editar un disco para recaudar fondos en favor de las causas que apoyaba Diana. El testigo fue recogido por los otros tres grandes mitos de la música británica, Paul McCartney, Phil Collins y Eric Clapton, que de la mano de Richard Branson, propietario de Virgin, decidieron grabar un disco para apoyar el Fondo Diana, creado en memoria la princesa por

El príncipe Carlos y su hijo Enrique, el día del funeral

la familia Spencer.

En el exterior de la abadía, jóvenes y adultos, centenares de miles de británicos, coreaban la balada mientras con sus velas en las manos rendían homenaje a Diana. La canción se ha convertido en un himno en recuerdo de la princesa y fue repetido hasta la saciedad por las radios y las televisiones de medio mundo.

Elton John y Diana sentían un afecto mutuo desde hacía años. Juntos habían colaborado en diversas campañas en contra del sida. Fueron vistos juntos por última vez en el funeral de modisto italiano Gianni Versace, uno de los preferidos de Diana. Allí, la princesa estuvo junto al cantante quien, desconsolado, no dejaba de llorar la pérdida del modisto.

Tan sólo habían transcurrido unas semanas, y el músico británico volvía asistir al funeral de un amigo, esta vez, de la persona que le consolaba días antes. Elton John, visiblemente emocionado, vestido con una chaqueta negra de cuello cerrado, ya no tuvo a nadie para que lo reconfortara. Su presencia en el funeral, y el hecho de que cantara 'Candle in the Wind', fue decidida por el hermano de Diana, algo que no agradó a la Casa Real. A cambio de aceptar la participación de Elton John en el acto, los representantes de la reina exigieron que no interpretara ningún himno religioso.

Un discurso incendiario

El funeral de Diana tuvo como principales protagonistas a sus hijos, en especial Guillermo, pero tras ellos quien intervino como verdadero enviado de la princesa fue su hermano Charles. Para evitar complicaciones, Carlos de Inglaterra había resuelto —aunque se lo tuvieron que pedir los Spencer— que los primeros bancos de la abadía de Westminster fueran ocupados por la familia de Diana, por sus amigos personales y por los miembros de las organizaciones humanitarias presentes.

Durante el recorrido del ataúd por las calles de Londres, el hermano de Diana no dejó en ningún momento que los Windsor le arrebataran el protagonismo que su familia merecía. Tanto fue así que quien pasó realmente desapercibido fue

---

"Me siento profundamente conmovida por esta tragedia"

Beatriz, reina de Holanda

Millones de personas vivieron el funeral en las calles de Londres

el príncipe de Gales. Tal como pudieron comprobar los miles de millones de telespectadores, Carlos estuvo frío, no se emocionó en ningún momento y tampoco prodigó gestos cariñosos a sus hijos. Su rigidez sólo fue compartida por la reina Isabel II, que tampoco mostró signos visibles de emoción.

Discurso inolvidable

Charles Spencer realizó un discurso que, sin duda, hubiera sido del agrado de su querida hermana. El único hijo varón del padre de la princesa de Gales subió al púlpito con aplomo y lanzó un discurso en el que no se evitaron tocar los temas más escabrosos de la vida de su hermana.

Algunas de sus frases fueron verdaderos dardos envenenados dirigidos al corazón de la familia Windsor. Charles Spencer prometió por la memoria de su hermana "velar para que Guillermo y Enrique no sucumban sólo al deber y

"Al escuchar a Elton John, apenas pude reprimir las lágrimas"

Bill Clinton, presidente de Estados Unidos

la tradición", en clara referencia a los usos y las costumbres que rigen la vida de la familia real inglesa. Diana mostró siempre una gran preocupación por conseguir que sus hijos recibieran una educación lo más abierta y normal posible, teniendo en cuenta su lugar en la sociedad.

Ese fue uno de los aspectos en los que Diana hizo mayor hincapié a la hora de divorciarse de Carlos. Su hermano se convirtió con sus palabras en el guardián de la educación de sus sobrinos, más allá de los designios marcados por su padre y su abuela.

Pero hubo más reproches a los Windsor a lo largo de su parlamento. Charles Spencer disparó a la conciencia de los Windsor cuando aseguró que su hermana "demostró que no necesitaba un título real para seguir generando su magia especial". De este modo, hacía referencia al punto más humillante para la princesa recogido en el acuerdo de divorcio, por el que se le retiraba el tratamiento de Alteza Real. Lady Di se mostró apenada por esa imposición, hasta el punto que su hijo mayor, Guillermo, heredero al trono, le prometió que algún día él le devolvería su título. Pese a las palabras del hermano de Diana, en el semblante de la reina no se apreció el más mínimo gesto.

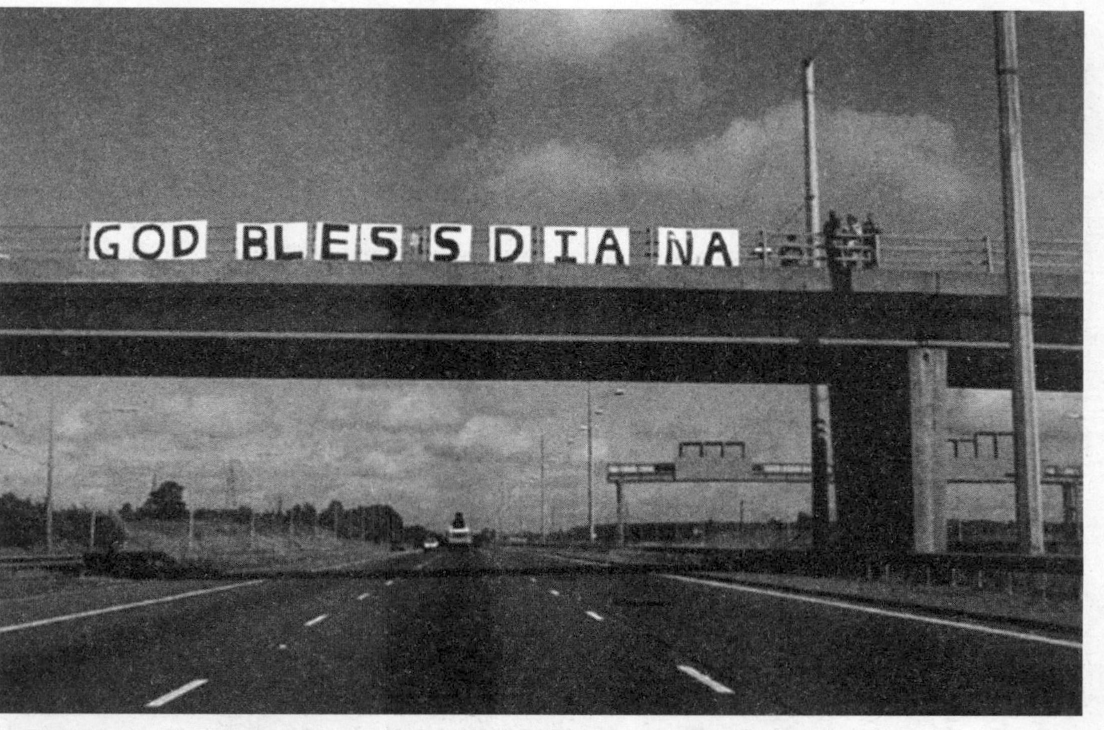

El cortejo fúnebre fue saludado con pancartas en su viaje hacia Althorp

La prensa fue otro de los objetivos de Charles Spencer. "No deja de ser curioso que pese a su nombre de diosa de la caza, fue la persona más perseguida de la edad moderna", dijo el conde en referencia a la persecución a la que los 'paparazzi' sometieron a la princesa desde que se convirtió en la esposa de Carlos de Inglaterra.

Spencer fue muy duro al acusar a algunos editores de tener "las manos manchadas de sangre", por el trágico accidente en el que fallecieron su hermana, Dodi Al Fayed y el conductor del vehículo. El conde vetó el acceso al acto de seis medios de la prensa sensacionalista británica, a los que inicialmente se les había concedido la correspondiente acreditación. Buckingham aceptó la decisión del hermano de la princesa, mientras que los diarios afectados no hicieron causa del tema esperando que las aguas se calmaran.

La relación del conde de Spencer con la prensa ha estado marcada por el enfrentamiento y los pleitos. Harto del acoso de los 'paparazzi', se exilió en Suráfrica en compañía de su mujer y sus hijos. Sin embargo, las cosas no mejoraron, a pesar de la distancia. Los rumores de infidelidades difundidos por la prensa fueron minando su matrimonio. Pero el hecho que desencadenó la guerra del hermano menor de la princesa de Gales contra los medios de comunicación fueron las noticias aparecidas en la prensa de su país en las que se aseguraba que su esposa sufría anorexia.

El empeño y la ira del conde le llevó hasta los tribunales de justicia, donde, entre otras, ganó una demanda al semanario News of the World, que publicó una fotografía de su mujer con aspecto cadavérico. Finalmente, el matrimonio acabó por romperse.

Antes de que todo esto sucediera, las relaciones de Charles Spencer con la prensa eran buenas. Incluso, en los medios británicos se asegura que el conde vendió la exclusiva de su boda y otras informaciones sobre su vida.

En su alocución en la abadía de Westminster, afirmó que su hermana nunca entendió "por qué la prensa siempre manipulaba sus buenas intenciones". Charles Spencer trató de responder a su pregunta al concluir que "la única explica-

"La felicidad no es tan fácil de conseguir aunque no lo parezca y todo el mundo se lo crea"

Tony Blair

Una agente de policía no pudo evitar las lágrimas en el funeral

ción es que la verdadera bondad es una amenaza para aquellos que están al otro lado de los límites de la moralidad".

El conde, que, aunque emocionado, se mostró muy entero durante su parlamento, dijo que su hermana era una mujer "única, compleja, extraordinaria e irremplazable". Charles Spencer no olvidó algunos de los aspectos menos positivos dc la pcrsonalidad de su hermana. Aseguró que "no debemos santificar a Diana, una mujer insegura en el fondo de su corazón por su falta de autoestima". Incluso hizo referencia a los problemas de alimentación, en referencia a la anorexia y la bulimia, que sufrió la princesa mientras su matrimonio se hundía sin remedio. Spencer alegó que "eran un símbolo de su falta de autoestima".

Los invitados presentes en la abadía y las personas que seguían la ceremonia en el exterior del templo irrumpieron en un sonoro aplauso

---

"Diana ha sido el más bello símbolo de humanidad y amor"

Luciano Pavarotti, tenor

---

cuando el conde finalizó su discurso. Entre los miembros de la familia no se observó ninguna reacción de contrariedad por las palabras del hermano de Diana, aunque si cumple con lo prometido se avecinan días de pugna entre los Windsor y los Spencer. En medio del enfrentamiento, los príncipes Guillermo y Enrique.

Charles no fue el único Spencer que tomó la palabra en la ceremonia de Westminster. Lady Jane y Lady Sarah, las dos hermanas mayores de la princesa, también subieron al púlpito. Pero en su caso se limitaron a leer dos poemas y a estar al lado de su afligida madre. Vestidas de riguroso negro y con las marcas del dolor en sus rotros, las dos hermanas cedieron todo el protagonismo de la familia Spencer a su hermano menor, el único varón del clan.

Lady Sarah fue una de las candidatas a contraer matrimonio con el principe Carlos, mucho antes de que Diana apareciera en el horizonte del heredero. Lady Jane, por su parte, está casada con un alto funcionario del palacio de Buckingham.

Además de los miembros de la familia, también subió al púlpito el primer ministro Tony Blair, uno de los 'hacedores' del funeral, que leyó un versículo de la carta de San Pedro a los Corintios. La imagen de Tony Blair ha salido muy reforzada de la tragedia, ya que ha demostrado su buen sentido y su capacidad parta afrontar situaciones difíciles tomando decisiones rápidas. Además, se ha convertido en censor y valedor, a la vez, de la monarquía. Tras obligar a la reina a hacer algunas concesiones en el funeral, salió días después en defensa de Carlos asegurando que "será un buen rey".

Un recuerdo para Dodi

Entre los asistentes al sepelio se encontraba Mohammed al Fayed, el multimillonario propietario de los almacenes Harrods y del Hotel Ritz de París, y padre de Dodi, el último novio de Diana de Gales fallecido en el accidente. El

---

'No era una chica culta ni de muchas luces, pero demostró tener un instinto verdaderamente genial, incomparable, superior al del político más avezado y carismático, para servirse de esos innobles medios de comunicación de los que tanto se quejaría en su última época"

Mario Vargas Llosa

---

arzobispo de Canterbury, George Carey, que ofició la ceremonia, tuvo un recuerdo para el acompañante de Lady Di. Más explícito fue el conde Spencer, que tuvo unas palabras elogiosas para el hombre que hizo posible que su hermana viviera con alegría los últimos meses de su vida. Mohammed al Fayed se encontraba muy afectado por lo sucedido y obsesionado por aclarar lo sucedido en aquella trágica madrugada.

Los asistentes y los millones de personas que siguieron la ceremonia a través de la televisión vieron cumplida la promesa que se había hecho desde el palacio de Buckinham días atrás: "Será un funeral único para una persona única". Y esta frase cobró pleno sentido tras la ceremonia.

Regreso al hogar

Después del baño de multitudes del funeral, el cuerpo de Diana, acompañada de su madre, sus hermanos, sus hijos y su ex-esposo, partió hacia la que será su morada definitiva, en Great Brington, donde llegó al mundo 36 años antes de su muerte. En este pequeño y tranquilo pueblo de la campiña inglesa se encuentra Althorp House, la casa natal de los Spencer.

El recorrido que separa Londres de la localidad natal de la princesa estuvo marcado por las continuas muestras de cariño de los británicos. Los puentes de la autopista por la que circuló el cortejo fúnebre se encontraban atestados de personas que querían dar el último adiós a la princesa. Mientras, los coches que circulaban en sentido contrario se detenían en señal de respeto a la figura de la mujer que un día parecía destinada a ser la futura reina consorte de Inglaterra.

La policía tomó Great Brington en un intento de garantizar la intimidad de los Spencer en el momento de enterrar a Lady Di en el panteón familiar. Sólo los 150 habitantes del pueblo podían entrar en la zona.

Hacia las cinco de la tarde, no más de una decena de personas asistieron al entierro de Diana en el panteón familiar de los Spencer. Situado en medio de un lago artificial, el lugar es un remanso de paz. Ahora, Diana de Gales descan-

"Fue una mujer de corazón"

Duque de Braganza, pretendiente al trono de Portugal

sa junto a los resto de sus antepasados, entre ellos su padre, el octavo conde de Spencer. El hombre que la llevó al altar cuando sólo contaba 19 años. Eran tiempos felices. Nada hacía pensar que la vida de aquella muchacha de aspecto angelical iba a estar marcada por el infortunio. Pero tampoco nadie pensó nunca que la tímida Diana, la encantadora Diana, sería capaz de despertar semejante sentimiento de cariño entre sus compatriotas.

La finca de los Spencer en Great Brington abrirá sus puertas a los visitantes el próximo verano. Después de las muestras de cariño recibidas por la princesa, el lugar puede convertirse en lo más parecido a un centro de peregrinación de las legiones de admiradores que ha dejado Lady Di, la 'reina de los corazones'.

CAPITULO II

Un dolor que conmociona el mundo

l dolor de los días posteriores a la muerte de la princesa no fue patrimonio exclusivo de los británicos. Países de todo el mundo, a través de sus dirigentes, manifestaron el estado de consternación que se ha vivido en el mundo. Las reacciones llegaron por doquier. El presidente de los Estados Unidos, Bill Clinton, y su esposa Hillary se mostraron muy conmocionados nada más conocerse el suceso, al tiempo que alabaron la dedicación de la princesa a sus hijos y a la caridad.

La madre Teresa de Calcuta —fallecida el día antes del funeral— aún tuvo tiempo para expresar su pésame. En la India, la premio Nobel de la Paz recordó que tuvo la oportunidad de reunirse con Lady Di en el mes de junio en Nueva York. Tras serle comunicada la luctuosa noticia, rezó por ella. Teresa de Calcula dirigía una de las organizaciones humanitarias hacia las que

Diana canalizaba fondos.

El presidente de la Cruz Roja, Cornelio Sommaruga, otra de las instituciones benéficas por las que la princesa mostraba dedicación, ensalzó la figura de Lady Di, especialmente por su trabajo en la eliminación de las minas antipersonales.

La ex-primer ministra británica Margaret Thatcher también dio a conocer su pesadumbre por lo acontecido. Tras señalar su preocupación por el futuro de los hijos de Diana Spencer —“han perdido una madre maravillosa”—, se refirió a la muerte de la princesa diciendo que “se ha apagado un faro luminoso”.

Miles de condolencias que llegaron de todas partes. El líder sudafricano Nelson Mandela destacó de Diana el empeño que había puesto en defender a los niños enfermos. Un comunicado de la Organización de las Naciones Unidas destacaba por su parte que la tragedia había privado al mundo de una persona comprometida con los desfavorecidos. La nota señalaba, como ejemplo, las visitas que Lady Di había efectuado a Angola y Bosnia para denunciar el uso de minas.

Boris Eltsin también figuró en la lista de celebridades consternadas por lo ocurrido. A través de un comunicado del Kremlin, el presidente ruso expresó su tristeza por la noticia de la muerte de Diana, de la que destacó su aportación a la beneficencia.

El cantante Michael Jackson fue otro de los afectados, hasta el punto de anular el concierto que tenía que ofrecer en Ostende (Bélgica) a causa de la depresión que le supuso la muerte de la princesa.

Otra manifestación de dolor llegó de boca de Luciano Pavarotti, el tenor italiano amigo de Diana, a la que describió como "el más bello símbolo de humanidad y amor que he conocido".

Pesar de la Casa Real española

En España, los reyes don Juan Carlos y doña Sofía enviaron sendos telegramas —uno a la reina Isabel II y otro al príncipe Carlos— manifestando su pesar por tan trágico accidente. Cabe recordar la cordial relación que Carlos y Diana

"En los buenos y en los malos tiempos nunca perdió su capacidad de sonreir"

Isabel II

de Gales mantuvieron con los Reyes de España mientras estuvieron casados. Fue una época en la que tuvieron vacaciones compartidas en el palacio de Marivent (Palma de Mallorca). El príncipe Felipe, la infanta Cristina y los duques de Lugo también remitieron conjuntamente un telegrama de pésame al heredero de la corona británica.

Todas las casas reales europeas se sumaron al luto por la pérdida de la carismática Diana. La reina Beatriz de Holanda dijo sentirse especialmente conmovida y el duque de Braganza ensalzó las virtudes de la princesa. Por último, los reyes de Suecia, Carlos Gustavo y Silvia, mostraron su aflicción por las "terribles circunstancias" en que se produjo el fallecimiento de Diana. En términos parecidos se pronunciaron los grandes duques de Luxemburgo.

Representaciones oficiales

La representación de la Casa Real española en el funeral de Diana corrió a cargo de la infanta Pilar de Borbón. De acuerdo con los designios de Buckingham, únicamente las monarquías de España, Holanda y Jordania estaban invitadas a la ceremonia religiosa. En representación de Holanda acudió la princesa Margarita, hermana de la reina Beatriz, y Noor de Jordania representó a la monarquía de su país, dada la amistad personal que le unía a la princesa fallecida.

El motivo de la ausencia de representantes de las monarquías es que los organizadores consideraron que había que primar que quienes asistieran a la ceremonia lo hicieran por las relaciones personales que habían mantenido con la princesa. Los Windsor entendían que el funeral no podía ser considerado de Estado y, en consecuencia, no debían estar presentes príncipes herederos, ni reyes ni reinas en ejercicio. Esa fue la diferencia más notable en cuanto a protocolo respecto a otro funeral que impactó a Europa: el del rey Balduino de Bélgica, que murió el 31 de julio de 1993, y al que acudieron los máximos exponentes de las monarquías europeas.

"La amé y la seguiré amando toda la vida"

James Hewitt, capitán del Ejército, instructor de hípica y ex-amante de Diana

---

Relación de asistentes

Además del príncipe Carlos y de sus hijos Guillermo y Enrique, de Charles Spencer y su familia, de la reina de Inglaterra y de las principales autoridades británicas, entre las 2.000 personas que siguieron el responso por el cuerpo y alma de Lady Di en la abadía de Westminster se encontraban personalidades de todos los ámbitos de la política, la sociedad y la cultura mundial.

La madre de Diana de Gales fue recibida en silencio. Tomó asiento en la parte izquierda del altar. La ceremonia fue oficiada por el arzobispo de Canterbury, George Carey, que fue el único que tuvo un recuerdo para Dodi al Fayed y para el chófer Henri Paul. Lady Sarah y lady Jane, hermanas de Diana, llegaron a la abadía media hora antes de que lo hiciera el féretro. Se sentaron junto a su madre. Más atrás estaba sentada Rainer Spencer-Cartland, madrastra de Lady Di. La princesa nunca la aceptó.

Entre los asistentes, lógicamente, estuvo en pleno la Casa Real británica, encabezada por la reina madre. Junto a ella, la duquesa de Kent y los duques de York, Andrés y Sarah. Mohamed al Fayed y su esposa también ocuparon un lugar de privilegio en la abadía.

Entre los representantes del mundo del espectáculo destacaron los cantantes británicos Sting, que acudió con su esposa Trudie, George Michael, Cliff Richard y Elton John. También hubo actores, procedentes de Estados Unidos, como Tom Hanks, Tom Cruise y su mujer, la actriz Nicole Kidman. Los tres llegaron juntos al funeral, junto al director y productor Steven Spielberg. Cerca de ellos se situó el actor y realizador británico Sir Richard Attenborough. Tampoco faltó el tenor italiano Luciano Pavarotti, pese a que en principio indicó que no pensaba asistir porque su corazón no puede resistir grandes emociones.

Otra representante italiana fue Donatella Versace, hermana del asesinado modisto Gianni y heredera del imperio de la moda. Hillary Clinton, primera dama norteamericana, asistió al funeral, pero lo hizo a título personal.

"Estoy horrorizado y conmocionado por lo que ha pasado"

Sylvester Stallone, actor y director de cine

Nikole Kidman, Tom Cruise y Tom Hanks asistieron al sepelio

En la calle la emoción se desbordó. Pero no fue el único lugar. En el cielo de Los Angeles también. Allí, un piloto de avión, Greg Stinis, dibujó un gran corazón. En el centro se podía leer Di. Y en Kensigton, una vela encendida rindió tributo e iluminó una fotografía en la que aparecían juntas Teresa de Calcuta y Diana. En el gran premio de Italia de Fórmula-1, los pilotos británicos Damon Hill y Johnny Herbert guardaron un minuto de silencio. La Premier League también rindió tributo a la princesa desaparecida y aplazó el partido estrella de la jornada, el Liverpool-Newcastle, que debía jugarse el mismo domingo en que murió Diana.

Estupor en Londres

Al conocer la muerte de Diana, millones de británicos peregrinaron hasta los palacios de los Windsor (Saint James, Kensington y Buckingham) para rendir culto a una princesa que con el

---

"Diana demostró que no necesitaba un título real para seguir generando su especial magia"

Charles Spencer, hermano de Diana

---

paso de los años cada vez se hizo querer más. Centenares de dedicatorias acompañaban a los incontables ramos de flores esparcidos a la entrada de los palacios. Todas llevaban mensajes de admiración. "Inglaterra tuvo un único embajador: Diana", "Ya nada más te puede herir", "Me hiciste sentir orgullosa de haber sido bulimica" o "Yo puedo volar alto como un ángel. Para mí eres el viento", son sólo algunas de las palabras de homenaje con que se ha intentado recordar y representar la querida imagen de Diana.

Dodi al Fayed también recibió manifestaciones de aprecio por parte del pueblo británico: "Di y Dodi. Juntos al final sin intrusiones", "Nunca te conocí Dodi, pero nunca te olvidaré" o "Sólo te conozco por tu relación con la princesa, tú la has hecho tan feliz en las últimas semanas y nosotros te damos gracias por ello" son ejemplos que reflejan la turbación ciudadana.

Sin sentimientos

La gran ceremonia catártica que se desarrollaba en la calle contrastaba con la frialdad con la que se desenvolvió el príncipe Carlos, que se mantuvo serio en todo momento y con cara de

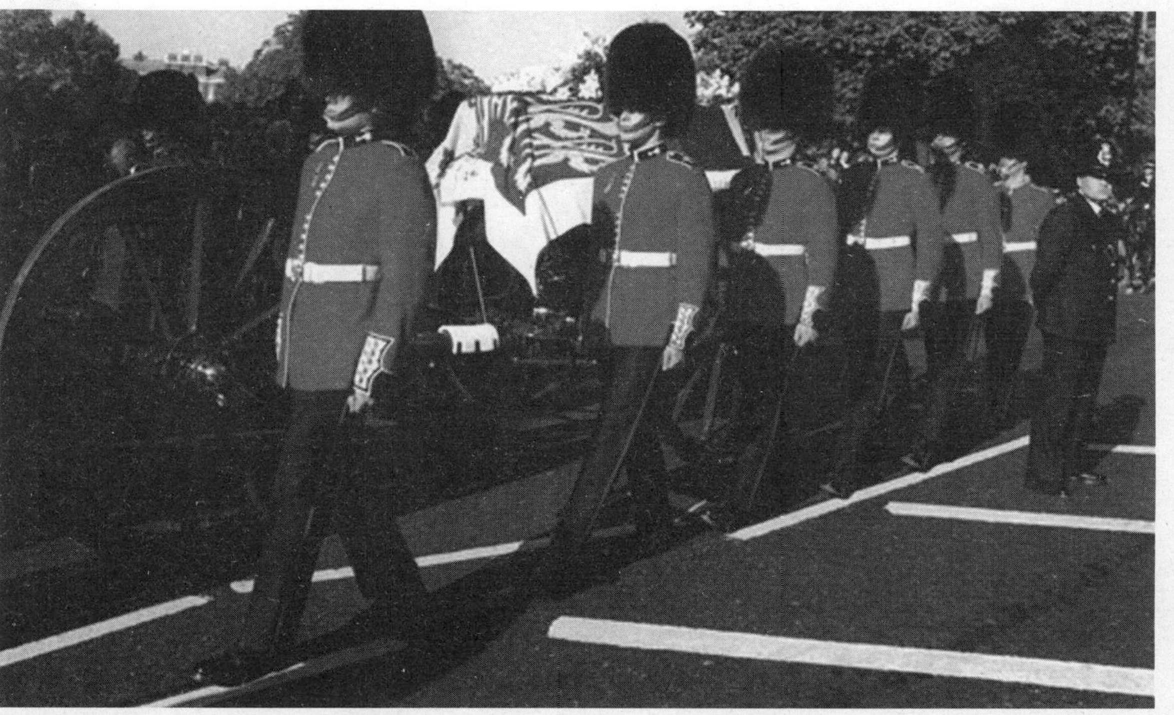

Miembros de la Guardia de Gales escoltaron los restos mortales de Diana en su último recorrido público

El príncipe Carlos, sus dos hijos, el duque de Edimburgo y el conde Spencer siguieron a pie el ataúd

circunstancias. Su madre, Isabel II, hizo lo que todo el mundo esperaba. En el momento de pasar el féretro de Diana delante del palacio de Buckingham, agachó la cabeza en señal de respeto. Ello no impidió que se intuyera que se trataba de un funeral incómodo para ella. Una vez acabada la ceremonia regresó a palacio y no asistió al entierro privado de Diana en la finca de los Spencer.

Guillermo y Enrique guardaron la compostura, pero mostraron muchos signos de emoción. Siempre cabizbajos, incluso durante el recorrido a la abadía, supieron controlar sus sentimientos. Sólo lloraron cuando Elton John cantó, aunque esa imagen no fue difundida por la televisión británica, que también evitó hacer primeros planos para que no trascendiera claramente el estado de ánimo de los presentes. En el caso concreto de los dos niños, el respeto de las cámaras para con ellos fue absoluto.

La reina madre, a sus 97 años, mostró un as-

"Tu llama se ha consumido mucho antes que tu leyenda"

De la canción 'Candle in the Wind', de Elton John

---

pecto envidiable. Se mostró siempre en su lugar. El duque de Edimburgo acompañó al príncipe Carlos y a sus nietos en la parte final del trayecto hacia la abadía. Su seriedad fue la habitual.

Sarah Ferguson se mostró muy apesadumbrada. Se sentó junto a los restantes miembros de la familia Windsor, pero su aspecto contrastó porque apenas pudo reprimir la emoción. Ella, que se consideraba como una hermana de Diana, en eso se asemejó a Jane y Sarah Spencer. Ambas evitaron ser el centro de atención de las cámaras y Jane incluso escondió su rostro bajo una pamela negra.

CAPITULO III

La última noche

a prensa de todo el mundo ha reproducido la última fotografía captada a Diana de Gales la noche del día 31, justo a su salida del hotel Ritz de París, propiedad de los Al Fayed, donde cenó con su amado. Cuesta creer que nunca más será fotografiada en una situación similar. Pero no es ésa la única imagen de aquella noche que se guarda de ella. La familia de Dodi, poco antes del funeral de la princesa, aportó una cinta de vídeo, grabada con las cámaras fijas del Ritz, en la que se observa a la pareja en el momento de entrar por separado al hotel poco antes de las diez de la noche y, después, en el momento de salir al exterior, pasados veinte minutos de la media noche. Una salida que tendría un desenlace dramático en el tunel de Alma.

Una semana más tarde, el día del funeral y entierro de Diana, también el lugar del trágico siniestro se convirtió en punto de peregrinación. Centenares de personas se congregaron allí para despedirse de Di. Encima del túnel hay una pequeña plaza en la que se depositaron los ramos de flores. Desde entonces, todo el mundo conoce ese lugar como la plaza de Diana.

Cena en la 'suite' imperial

El vídeo del hotel Ritz —las últimas imágenes en vida de Lady Di y Dodi— fueron grabadas por los servicios de seguridad del hotel propiedad de Mohamed al Fayed, padre de Dodi. Tras llegar por separado (primero entró Diana y seis segundos después lo hizo Dodi) se dirigieron juntos a la suite imperial, en la que cenaron. Fue una cena ligera, regada con champagne. Posteriormente, tal como se observa en los 26 minutos de vídeo que fueron difundidos, la pareja organiza su salida por la puerta trasera del prestigioso establecimiento para evitar la presencia de los temidos 'paparazzi'.

Las imágenes muestran cómo, a las 00.19 horas del domingo 31 de agosto, la pareja, con Dodi abrazando a Diana por la espalda, conversa con Henri Paul, el chófer ebrio que condujo hasta la muerte a la princesa y al multimillonario. Aquella madrugada fatal, Diana y Dodi se dirigían a la mansión que éste poseía en la parisina calle de Lauritson. Formaban la pareja de moda y pretendían esquivar a los 'paparazzi' que les aguardaban en la puerta del hotel.

La trampa del Range Rover

Para despistar a los fotógrafos, el chófer de Dodi partió a toda velocidad en el Range Rover que habitualmente utilizaba para transportar a su jefe. Algunos 'paparazzi' cayeron en la trampa y emprendieron la persecución, pero otros se quedaron en la puerta del Ritz. Intuían que el magnate egipcio estaba muy nervioso y que algo les tenía preparado. De hecho, se trata de una práctica habitual en los periodistas gráficos del corazón. Es corriente que varios fotógrafos de una misma agencia cubran la misma información y se distribuyan para no dejar ningún flanco al descubierto.

"Ya tenemos la víctima y el verdugo (la familia real). El pueblo tiene todos los elementos para emocionarse a gusto"

José Luis de Vilallonga, escritor

Tras unos minutos de desconcierto, Lady Di, Dodi y Henri Paul, de 41 años, un antiguo militar y número dos de la seguridad del hotel Ritz, accedieron al exterior y subieron a un Mercedes 280S. Les acompañaba el guardaespaldas personal del multimillonario egipcio, un inglés que sería el único superviviente de la tragedia. Henri Paul había sido requerido poco antes, cuando se encontraba descansando en su casa. Su misión era la de conducir el coche que llevaría a la pareja más perseguida por la prensa del corazón a la mansión de los Al Fayed. Sería su último viaje.

Al parecer, Paul había estado bebiendo y cuando accedió a la calle se enfrentó verbalmente a los fotógrafos, a los que aseguró que iba a circular tan rápido que les sería imposible seguirle. Un episodio que fue revelado ante el juez por los 'paparazzi' que fueron detenidos por la policía. El portavoz de la familia Al Fayed, en cambio, siempre sostuvo que Henri Paul no iba borracho cuando se puso al volante para emprender su trayecto final.

Lo que es parece evidente es que el chófer puso en marcha el coche a toda velocidad y pisó el acelerador a fondo. Tras dejar la plaza de la Concordia y acceder a la vía rápida parisina, logró distanciar a sus perseguidores, que conducían potentes motos. Enfiló un larga recta que le llevaría al túnel de Alma, muy cerca de la Torre Eiffel.

A 200 kilómetros por hora

Paul, por causas que probablemente nunca se conocerán, perdió el control del automóvil, que circulaba a casi 200 kilómetros por hora, y chocó frontalmente contra una columna del túnel. Tras rebotar en ella, el vehículo colisionó contra un muro y, completamente destrozado, quedó en dirección contraria a la del sentido de circulación inicial. Apenas habían transcurrido ocho minutos desde que las cuatro personas que viajaban en el Mercedes salieron por la puerta del hotel Ritz, lo que confirma la gran velocidad a la que circuló el vehículo. La primera llamada de socorro tras el accidente se registró a las 00.27

"Desde hacía seis semanas, mi jefe había cambiado. Creo que estaba enamorado. Estando con ellos me enteré de muchas cosas negativas de los Windsor"

Mick, guardaespaldas de Al Fayed

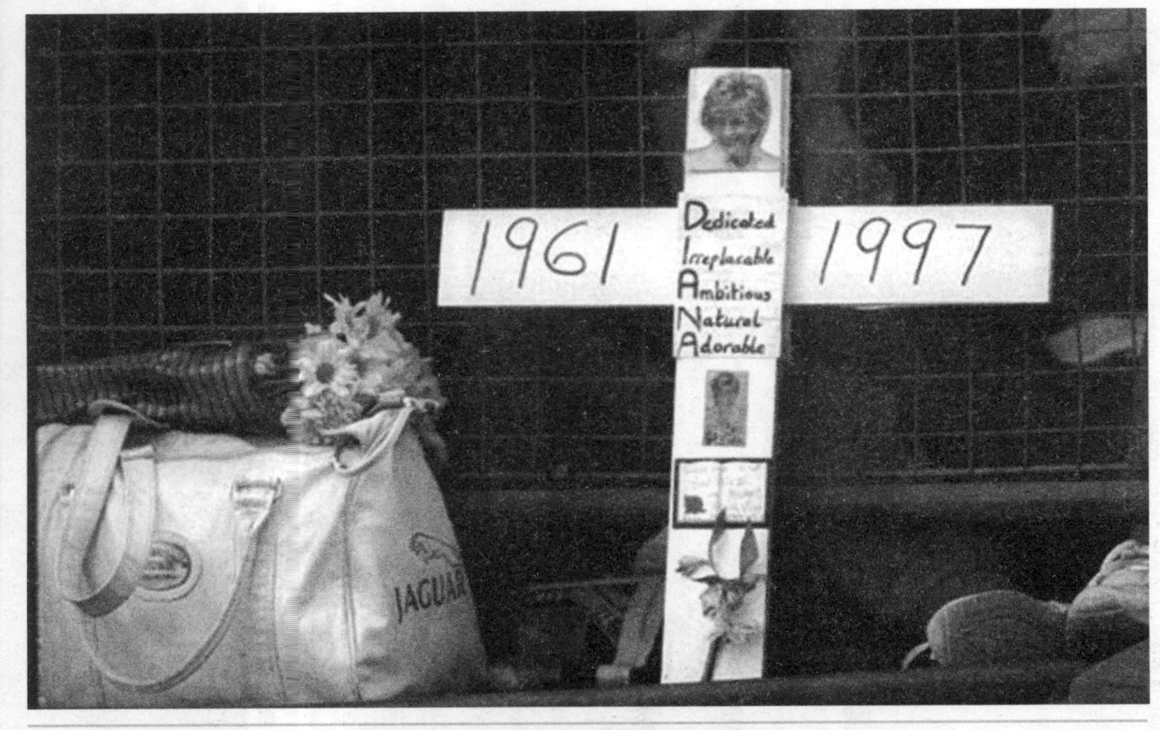

Una muestra del afecto que los británicos sentían por su princesa

horas.

Únicamente una persona logró sobrevivir al terrible accidente. Se trata de Trevor Rees-Jones, un hombre de 1,90 metros de altura y 96 kilogramos de peso. Es miembro del equipo de 40 guardaespaldas que tiene la familia Al Fayed. Trevor ha salvado la vida, pero las secuelas del accidente, tanto sicológicas como físicas, perdurarán por mucho tiempo. Al margen de numerosas contusiones y fracturas, el impacto le hizo perder parte de la lengua y le limitó la capacidad de expresarse oralmente.

Obsesionado por la seguridad

El hecho de que los Al Fayed dispongan de 40 guardaespaldas obedece al hecho de que Mohamed, padre de Dodi, está obsesionado por la

---

"Carlos confesó a sus amigos que 'mi relación con Diana tiene todos los ingredientes de una tragedia griega. Nunca pensé que acabaría de este modo. Dios mío, cómo he podido equivocarme tanto"

Del libro "El príncipe de Gales: una biografía", de Jonathan Dimbledy

---

De vacaciones en Mallorca, junto a la familia real española

seguridad de su familia. Cuando Mohamed fue informado de la especial relación que su hijo tenía con Diana, no titubeó y ordenó que se intensificaran las medidas de seguridad. En círculos privados siempre expresó su convencimiento de que el noviazgo no iba a ser bien acogido por la familia real, que nunca ha tenido una buena opinión del multimillonario propietario de los famosos almacenes Harrods.

El padre de Dodi dispuso que uno de sus mejores hombres, Trevor Rees-Jones, fuera el encargado de custodiar a su hijo. Ese guardaespaldas de confianza, un joven de 29 años, contaba con la experiencia que da el hecho de ser un veterano de la Guerra del Golfo. Durante las vacaciones veraniegas, Trevor fue "el tercer hombre" de la pareja. No dejó a los amantes ni un momento para evitar males irremediables.

Escolta de Al Fayed

La de este apuesto joven también fue la única escolta que tuvo Diana. Tras su divorcio, y a diferencia de su época de convivencia matrimonial con Carlos en la que tuvo escolta propia, Lady Di decidió utilizar lo menos posible las ayudas procedentes de la familia Windsor. Entendía que esta era una manera de despreciar la ayuda que le podía ofrecer Buckingham. Esta actitud desesperó enormemente a Isabel II, que entendía que debía proteger siempre con sus propios servicios de seguridad a la madre del heredero de la Corona. Para Diana, la interpretación era diferente: pensaba que la única intención de Isabel II era tenerla controlada.

Tal como estaban las cosas, en los últimos meses prescindía de la escolta oficial cuando estaba con Dodi. Pese a la protección, sus guardaespaldas no pudieron impedir que en más de una ocasión los admiradores más irreflexivos pudieran acercarse a ella.

CAPITULO IV

La relación con Carlos

a de aquel 29 de julio de 1981 fue denominada unánimemente por la prensa como la boda del siglo. Isabel II, que no quería a Camilla Parker-Bowles en palacio, respiró tranquila cuando ambos contrayentes dieron el sí y se fundieron en un beso monumental. Lo que Diana no sabía es que el matrimonio no se había gestado como ella pensaba. Poco después de la boda comprobó con amargura que el suyo había sido un matrimonio de conveniencia, un apaño de circunstancias.

Su relación con Carlos, lógicamente, alteró como nunca hubiese imaginado la vida de esa joven tímida y desconocida llamada Diana Spencer, perteneciente a una familia noble, pero alejada de los fastos sociales de la aristocracia londinense. Pese a la posición de su familia, el aspecto de Diana no distaba mucho del de cualquier campesina británica. Sin embargo, sus envidiables 19 años, su frescura, su inocencia y su dulzura la convirtieron en la candidata ideal para Carlos de Inglaterra, trece años mayor que ella, y cuya soltería preocupaba enormemente a la reina.

Un rostro amable para el pueblo

De la noche a la mañana, su nombre y su amable rostro se convirtieron en habituales para el pueblo británico, que deseaba que el príncipe heredero por fin sentara la cabeza. La historia de Carlos y Diana parecía sacada de cuento de hadas. Los rotativos volcaron cataratas de tinta para explicar los detalles del enlace que se avecinaba. La boda paralizó Gran Bretaña. Millones de súbditos de Su Majestad vivieron con excitación el día de la boda. El 'merchadising' sobre el enlace propició que más de uno se enriqueciera con la supuestamente bella historia de amor en palacio.

Convertida en princesa, Diana hubo de aprender rápido. Isabel II ordenó que recibiera instrucción para estar a la altura de los Windsor. Contrató asesores de imagen y le dio un nuevo vestuario. La reina quería 'construir' a una nueva Diana, una joven que aprendiera a desenvolverse con la rigidez y discreción que exige la tradición real.

La farsa con Carlos, sin embargo, duró poco. Tras el nacimiento de los dos hijos de la pareja —Diana había cumplido con su obligación: engendrar herederos a la Corona y garantizar así la sucesión—, el príncipe pensó que ya había acreditado su buena voluntad y volvió a los brazos de su amante Camilla Parker-Bowles, que lo aguardaba con impaciencia.

El proceso iniciado por Carlos de alejamiento de su esposa sumió a Diana en una crisis profunda y terrible. La princesa se descompuso mientras veía como el mundo que ella había soñado se hundía a su alrededor. Las depresiones, la bulimia y los intentos de suicidio no sirvieron para que su marido intentara corregir el rumbo a la deriva por el que navegaba el matrimonio. Se cortó el pelo una y otra vez y cambió

"Camilla escogió a Diana porque pensaba que sería la esposa menos dispuesta a interferirse en la amistad que mantenía el príncipe con ella"

Peter McKay, columnista británico

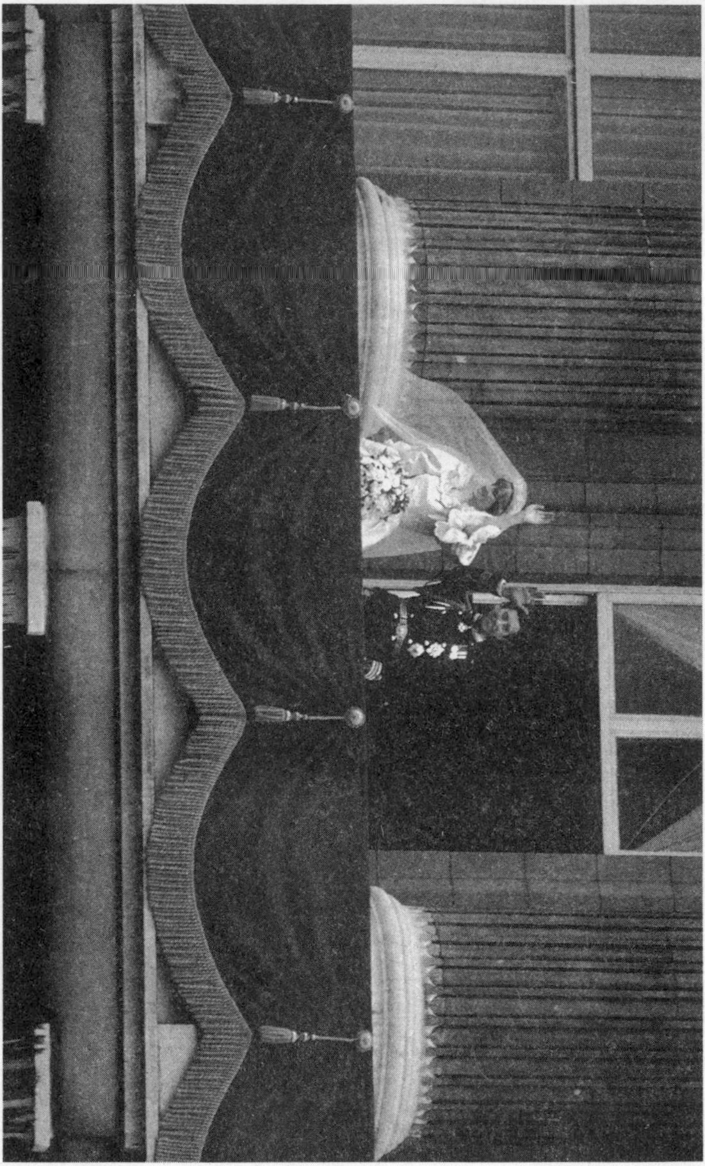

Los príncipes de Gales saludan a las miles de personas que llenaban las calles de Londres el día de su boda

de vestuario e imagen repetidamente, pero el resultado era siempre el mismo: Carlos la ignoraba, no sentía la más mínima atracción por ella. Sólo le importaba Camilla.

Mejor que un culebrón

Los británicos siguieron los avatares del matrimonio como si de la mejor teleserie rosa se tratara. El precio que pagó Carlos por su conducta moralmente incorrecta fue elevado. Una encuesta publicada en 1997 concluye que más de la mitad de los británicos no desean que sea rey. Quieren que abdique en favor de su hijo Guillermo. Un dato que va acompañado de otro más significativo todavía: la mayoría de ciudadanos del Reino Unido ha perdido confianaza en la Corona y el prestigio de los Windsor está muy erosionado.

La relación de Carlos y Camilla es conside-

"Más que verdaderos intentos de quitarse la vida, esas acciones eran un desesperado grito de ayuda y atención"

Del libro 'Diana, su verdadera historia', de Andrew Morton

rada ilícita y reprobable por la inmensa mayoría de sus compatriotas. Camilla está considerada como la gran enemiga de Diana y pocos ven con buenos ojos su enlace con el que previsiblemente debería ser el futuro rey.

Tras la muerte de Diana, la popularidad de Carlos de Inglaterra ha continuado su viaje hacia abajo. Al margen de las críticas unánimes a la poco decidida actuación de la Casa Real en la organización del entierro y en todo lo relacionado con la trágica y dolorosa muerte de Diana, lo que los ingleses más detestan es el papel de Carlos como marido.

Con el paso de los años, el cuento de hadas se tornó culebrón y el futuro rey apareció como una persona sin sentimientos que no supo desempeñar correctamente su doble papel de padre y marido. Como padre, nunca dio calor humano a sus hijos, a los que pretendió educar con la anacrónica rigidez y disciplina de los Windsor. Como marido, su hipocresía quedó demostrada en el mismo momento en que, ante el altar, dijo el "sí, quiero". Entonces, él ya sabía que no tenía ninguna intención de poner punto final a su relación con la poco agraciada Camilla.

Este sentimiento popular se vio acentuado en los días posteriores a la muerte de la prince-

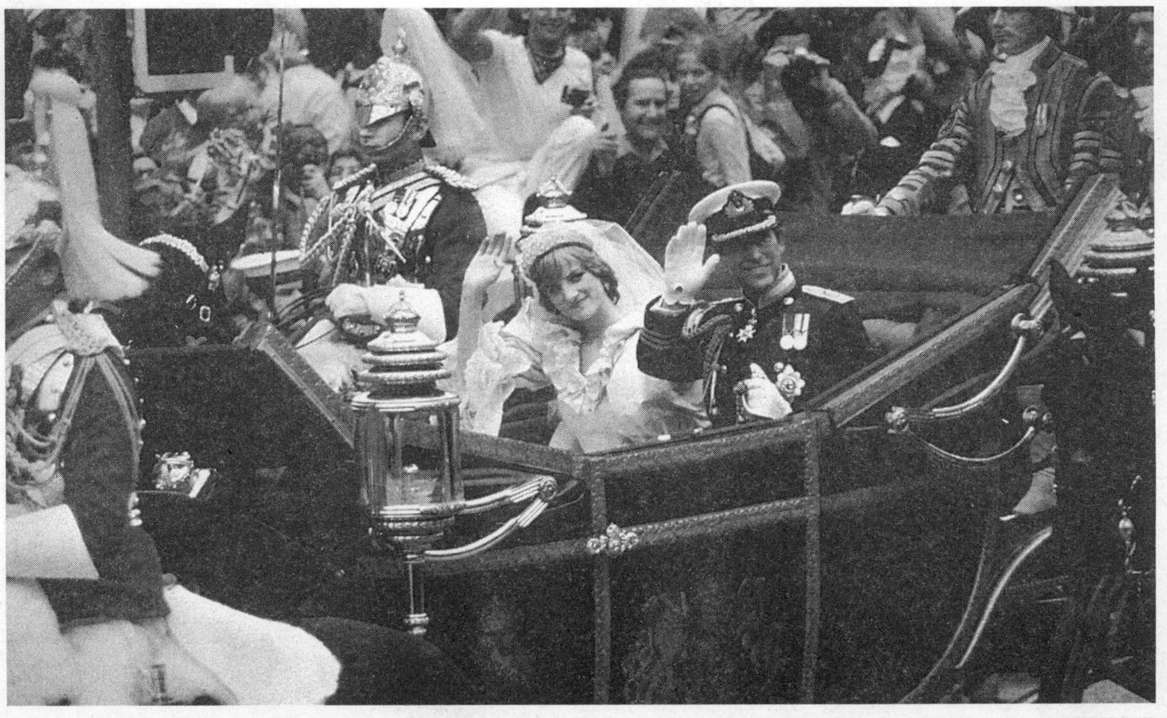

Los novios saludan desde la carroza. La boda fue seguida por televisión desde todos los rincones del mundo

sa de Gales. Los Windsor se vieron desbordados por los acontecimientos y por la reacción popular. No supieron responder con los reflejos necesarios para acomodarse a lo que el pueblo solicitaba. Carlos quedó en el centro del huracán y por proximidad lo mismo sucedió con los otros miembros de su familia. Un ejemplo: los príncipes Eduardo y Andrés tuvieron que escuchar con desagrado los gritos de "¡Ya era hora!" el día que aparecieron en el palacio de Saint James para firmar en el libro de condolencias.

CAPITULO V

Idilios para escapar de la triste realidad

i se hace una mirada hacia atrás en la vida de la princesa Diana, observaremos que su niñez estuvo marcada por el fuerte golpe que supone el divorcio de unos padres. Hija de Edward John Spencer y de Frances Ruth Burke-Roche, Diana creció en Park Farm, cerca de Sandringham. La felicidad idílica de Edward y Frances apenas duró ocho años, ya que ella solicitó el divorcio de su marido en 1969 para casarse con Peter Shand-Kydd.

El día del funeral, Frances iba completamente enlutada. Sobre su cuello lucía un collar de perlas y sobre su pecho una cruz de diamantes. Abandonó su retiro en la isla escocesa de Seil para dar el último adiós a su hija querida, pese a que ambas se habían ditanciado desde que la princesa le reprochó a su madre que le proporcionara una infancia solitaria, sin poder recurrir nunca a una madre.

Aquella separación matrimonial de sus padres dejó huella en una niña que, ya de pequeña, soñaba con ser bailarina o princesa de Gales, una niña tímida e introvertida que ante la ausencia de su madre tuvo que hacer el papel de progenitora de su hermano pequeño Charles. Muchos años más tarde cumpliría su sueño, pero fue un sueño amargó que se convirtió en pesadilla.

El citado divorcio y los años en que apenas vio a Diana no fueron obstáculo para que la madre de Diana haya declarado en más de una ocasión que da las gracias a Dios por la hija que le dio, aquella que de ser una "sumisa" elegida por palacio para ser la consorte del heredero pasó a ser la mujer que plantó cara a una institución que mantiene algunas reminiscencias de la época feudal. La mujer que se atrevió aseparararse de su marido, el futuro rey, ya en 1992, aunque el divorcio no llegó hasta el 28 de agosto de 1996.

Las razones de tan drástica decisión son muchas y variadas, pero se resumen en la actitud distante, hipócrita y poco sincera de Carlos. Uno de los hechos que aceleró el proceso de separación del matrimonio fue la relación que Carlos inició con su amiga Penny Romsey. Una relaciòn que saltó a la luz pública gracias a los diarios sensacionalistas. Una fotografía captada en 1990 por un 'paparazzo' en Mallorca y publicada por el tabloide The Sun dejó constancia pública del hecho. Pese al desmentido oficial, aquella fue la grieta que anunciaba de forma definitiva el desmoronamiento del matrimonio.

Líos de faldas de Carlos

Las andanzas entre alcobas de Carlos comenzaron a convertirse en objeto de preocupación generalizada cuando en junio de 1992 apareció la biografía 'Diana, su verdadera historia', del periodista británico Andrew Morton. En el libro se cuenta que los líos de faldas del príncipe habían propiciado depresiones, intentos de suicidio y bulimia en Diana. Todo ello para llamar la atención de Carlos y proclamar la nece-

---

"Diana nunca la admitió, e incluso comía con el servicio para evitar hacerlo en su compañía"

Det Radomski (mayordomo del conde Spencer, hablando de la segunda esposa del conde, Rainer Cartland, hija de la novelista Barbara Cartland)

---

sidad de ayuda que sentía.

Otro libro, obra del también periodista Nicholas Davies y titulado 'Diana, una princesa y su complicado matrimonio', sirvió para echar más leña al fuego. En sus páginas se desvelan los estrechos vínculos que unen a Carlos con Camilla Parker-Bowles.

Camilla, que ha sido calificada por los medios periodísticos británicos como "la mujer en la sombra" o simplemente como "la amante", ha procurado no referirse en público sobre Diana, por razones obvias. Una prudencia que no ha mantenido, en cambio, a la hora de mostrarse en público con el príncipe Carlos.

La venganza

Tras las revelaciones amorosas acerca de su marido que Lady Di había realizado a sus allegados y que se convirtieron en algo más que rumores cuando aparecieron publicadas en sus biografías, Diana decidió dar un paso adelante y afrontar ante la opinión pública su fracaso matrimonial. El rostro sincero de la princesa ganó muchos enteros de popularidad el día en que fue entrevistada por las cámaras de la BBC británica.

La entrevista tuvo lugar en noviembre de 1995, enmarcada en el programa 'Panorama', cuyo prestigio y audiencia le situaban entre los mejores de la televisión inglesa. Canales de todo el mundo compraron la entrevista y la emitieron en sus respectivos países. La cara humana de la princesa rebelde se mostró tal cual y se ganó el corazón de los mortales. Allí, por primera vez y con valentía, admitió que también le había sido infiel a su marido, fundamentalmente por el rechazo de que era objeto. Un aislamiento del que no sólo era culpable Carlos, sino toda la Casa Real británica, que propiciaba esta especie de destierro.

Los amantes

Entre sollozos, la frágil Diana explicó que había cometido adulterio con James Hewitt. Este antiguo oficial de caballería y profesor de equi-

---

"Si ella es feliz, yo soy feliz"

Carlos de Inglaterra, refiriéndose a Diana poco después de la boda

---

tación de Diana mantuvo una discontinua relación amorosa con la princesa desde 1986 hasta 1991. Hewitt sentía un profundo cariño por Diana, pero aquel era un amor casi imposible. "La amé y la seguiré amando toda la vida", afirmó al conocer el dramático desenlace. Su profundo amor no impidió a Hewitt, sin embargo, vender la exclusiva de su relación con la princesa cuando ésta finalizó.

No fue el único hombre en el que Lady Di buscó refugio y consuelo. Otro antiguo militar, el ex-capitán de la selección inglesa de rugby Will Carling, estuvo vinculado a Diana, aunque según él "de forma platónica". Una explicación que no convenció en absoluto a la mujer de Carling, que se divorció de su marido por culpa de la excesiva confianza y amistad entre éste y Diana.

En agosto de 1992, salieron a la luz pública unas conversaciones telefónicas obtenidas por periodistas de medios sensacionalistas, en las que se intuía una relación amorosa entre Diana Spencer y James Gilbey. Los tabloides explotaron la historia durante semanas enteras. Lo que más llamó la atención de la prensa amarilla fue los adjetivos con que la madre del futuro rey de Inglaterra obsequiaba a su amigo. Gilbey era un "calamarcito", en palabras de la ilusionada Diana. Unos términos que, de todos modos, son un juego de niños comparados con el vocabulario que utilizaba su ex-marido Carlos en una sonrojante conversación telefónica que vio la luz pública. En ella, Carlos y su amante Camilla se intercambiaban multitud de términos y frases no aptas para menores. La más recordada, probablemente por el extraordinario mal gusto que destila, fue la que Carlos le susurraba a Camilla: "Quiero ser tu támpax, para estar dentro de ti". Sin comentarios.

Un cirujano

La última relación sonada de Diana antes de salir con Dodi fue con Hasnat Khan, un cardiólogo y cirujano de origen paquistaní. Al igual que Dodi, Hasnat, de 37 años, es musulmán. Su

---

"Mi relación con Diana fue simplemente platónica"

Will Carling, ex-capitán de la selección inglesa de rugby

---

romance duró desde enero de 1996 hasta que apareció con ímpetu definitivo el multimillonario egipcio. Ese mismo año, la reina de Inglaterra daba el visto bueno para el divorcio del matrimonio de su hijo. Las negociaciones fueron duras e intensas. Finalmente, la princesa consintió en conceder a Carlos el divorcio a cambio de una indemnización de 3.500 millones de pesetas y de tener libertad absoluta para poder ver a sus hijos y acceder a la residencia de Kensington, el lugar desde el que partió el cortejo fúnebre el día de su entierro. A cambio de estas gracias, Diana debía renunciar al título de Alteza Real, algo que con creces ha recuperado a la vista del emocionado comportamiento del pueblo y del reconocimiento implícito que tuvo que hacer Isabel II al darle funerales de máxima autoridad.

CAPITULO VI

Dodi y la llegada del amor

l beso de lady Di y Dodi, heredero de los almacenes Harrods , captado el 10 de agosto de 1997 por un 'paparazzo' italiano, fue la notificación oficiosa de que la princesa de Gales volvía a ser feliz. La fotografía, que apareció publicada en el diario sensacionalista británico The Sunday Mirror, puso en alerta a todo el mundo sobre la que ya se vaticinaba como inminente boda. Una idea extendida que iba a hacerse realidad si hacemos caso a las versiones que llegan del entorno de la familia Al Fayed. Así lo confirmó Hassan Yassine, cuñado de Emad Dodi al Fayed. Según le confesó éste, él y Diana estaban profundamente enamorados y habían decidido contraer matrimonio.

No es el único testimonio de este tipo. La 'top model' norteamericana Cindy Crawford también ha asegurado que el idilio entre la pareja era de los que acaban en el altar. A diferencia de la anterior, la declaración de Cindy surgió del círculo íntimo de la princesa fallecida, que conoció a la modelo ante la insistencia de su hijo Guillermo, ferviente admirador de la ex-esposa de Richard Gere. La afirmación de Cindy a The Daily Mirror deja poco margen para la duda: "Poca gente lo sabía, pero se veían desde hace diez meses y el siguente paso era el matrimonio".

"Dime sí"

Al parecer, los diez meses de noviazgo bastaron para que la relación entre Diana y Al Fayed se fortaleciera lo suficiente como para pensar en pasar por la vicaría. La misma noche de su trágica muerte, los dos amantes se intercambiaron regalos de compromiso. El más bonito, probablemente, no lo pudo ver Diana. Dodi le escribió un poema de amor y lo hizo inscribir sobre una placa de plata. Lo dejó debajo de la almohada de la cama de su amada, para que ésta lo leyera por la noche. No pudo hacerlo, porque nunca llegó a sus aposentos parisinos.

Pero esa misma noche hubo más regalos. Diana le regaló a Dodi unos gemelos de oro que fueron de su padre, el conde Spencer, y una boquilla para puros en la que consta una sincera leyenda: "Con amor, de Diana".

De todos modos, ha sido el anillo que la princesa lucía al morir —una joya valorada en más de 30 millones de pesetas— la que más expectación levantó. Cosa lógica porque se trataba del anillo de compromiso. Fue el obsequio de su novio egipcio y forma parte de una colección artística bautizada con un expresivo título: "Dime sí". Esta alianza simbolizaba, según confesó Dodi a sus amigos, su renuncia a la vida de juerga constante que había llevado hasta entonces.

Un 'playboy'

Dodi al Fayed, de 41 años, nacido en la mítica ciudad egipcia de Alejandría y heredero de una enorme fortuna (los almacenes Harrods y el hotel Ritz de París, por citar tan sólo dos propiedades emblemáticas), era conocido por sus

"Ella parecía serena y en paz; mi hijo sonreía, parecía un niño. Por un segundo pensé que volvía a vivir"

Mohamed al Fayed

continuos y sonados idilios.

Aficionado al deporte del polo, tuvo oportunidad de conocer a Carlos en un partido de este deporte, circunstancia que le permitió tratar directamente con Diana, ya que la princesa acudió en una ocasión a uno de los partidos que enfrentaba al equipo de Dodi con el del príncipe. Fue el inicio de lo que después se revelaría como una irrefrenable atracción mutua.

Romances fugaces

En 1987, Dodi se casó con la modelo norteamericana Susana Gregard, de la que se divorciaría ocho meses después de la boda, tras conceder una multimillonaria indemnización. Al magnate egipcio se le atribuye una interminable lista de amores, casi todos ellos romances fugaces, de ida y vuelta. La larga nómina de compañeras incluye a conocidas cantantes, actrices y modelos. Entre ellas, las jóvenes Brooke Shields, Wynona Ryder, Tanya Roberts, Koo Stark y Charlotte Lewis. O las maduras Tina Sinatra, Brit Eckland y Valerie Perrine. No en vano, la productora cinematográfica de los Al Fayed, Allied Star, ha conseguido grandes éxitos de taquilla con películas como 'Hook', 'Carros de fuego' o 'La letra escarlata'. Actualmente, produce 'El Zorro', una revisión del legendario héore, que cuenta con el español Antonio Banderas en el papel protagonista.

Desconocido para el gran público, la notoriedad mundial le llegó a Dodi en julio pasado, después que los 'paparazzi', incansables escoltas de Lady Di, captaran a los dos mientras navegaban. En agosto aparecieron las fotos de las caricias mutuas en la cubierta del yate Jonikal, propiedad de Dodi.

Los tabloides se pusieron entonces en marcha para indagar detalles del nuevo compañero de Diana. Lo primero que se publicó es que era hijo del multimillonario egipcio Mohamed al Fayed y de Samira Kashogui, hermana del controvertido jeque árabe Adnan, varias veces relacionado con el tráfico de armas y establecido en Marbella. Mohamed y Samira se separaron poco

---

"Poca gente lo sabía, pero Diana y Dodi se veían desde hacía diez meses. Diana me dijo que se sentía amada de nuevo"

Cindy Crawford, modelo

---

después del nacimiento de su hijo. Después trascendió que la última relación sentimental de Dodi había sido con la modelo estadounidense Kelly Fisher, que quiso sacar tajada de la popularidad que le vino caída del cielo. Fisher anunció que interpondría una demanda judicial para reclamar a su ex-novio una indemnización millonaria por haber roto su compromiso matrimonial. Con esa cantidad pretendía reparar el perjuicio que le causó haber abandonado su carrera en las pasarelas para entregarse en cuerpo y alma a su prometido.

Fisher, de todos modos, ganó mucho dinero gracias a su ex-prometido. Se dedicó a vender exclusivas y ocupó diariamente las portadas de los tabloides británicos en las dos semanas anteriores a la muerte de la pareja. Enseñó el magnífico anillo de diamantes que recibió como regalo y se dejó fotografiar en todas las poses imaginables. Sus declaraciones fueron en muchos casos de mal gusto y se refirió de forma sorprendentemente explícita a la vida sexual de Dodi.

Tras el fatal desenlace, rectificó y afirmó públicamente que perdonaba a Dodi y que sentía un gran respeto por la princesa de Gales, la misma mujer que le arrebató a su novio.

'New look'

El descubrimiento del amor de su vida tuvo en Diana un efecto inmediato. En los últimos meses, desde que mantenía en secreto la relación amorosa con Dodi, había realizado un cambio radical en su vida, que afectaba a su forma de ser y a su propia imagen. La princesa cambió su vestuario. Admirada por los mejores diseñadores del mundo, su 'look' se transformó y pasó a convertirse en el prototipo de mujer moderna, independiente y elegante. Los modistos más célebres coincidían en señalarla como la mejor embajadora de sus modelos.

Su gran afición al deporte también le había llevado a cuidar mejor su físico y su delgadez, próxima a la de una modelo, ya no era responsabilidad de la bulimia, sino del afán por tener

---

"No puedo hacer otra cosa que perdonar a Dodi y decir de Diana que siento admiración y respeto por ella"

Kelly Fisher, modelo y ex-novia de Dodi

---

un cuerpo atractivo y digno de admiración. Qué lejos quedan aquellos años en la mansión de Althorp. Olvidada ya la pueblerina que se ruborizaba por cualquier cosa, Diana había emprendido una nueva vida y estaba radiante. Sus nuevos peinados, su sonrisa serena, madura y cordial la habían convertido en otra mujer. Por fin era feliz, por fin había encontrado el sentimiento que más le hicieron detestar en otros momentos: el amor.

Pocas semanas antes del mortal accidente parisino, la prensa mundial publicó unas fotos en la que Diana mostraba su nueva belleza, con un corte de pelo nuevo y un 'look' sensual. Superado el trauma originado por su fracaso matrimonial, se había convertido en una 'top model'.

Dodi, el olvidado

Irradiaba tal fulgor, que siempre era el centro de atención. Dodi, pese a su inmensa fortuna, no era para la opinión pública más que 'el acompañante'. Incluso su último adiós estuvo ensombrecido por la gran atención que provocó la desaparición de su compañera. Dodi fue enterrado sin que apenas nadie se enterara. Mientras el mundo entero lloraba por Diana, sólo un pequeño grupo de allegados le tributó la última despedida.

Dodi al Fayed recibió sepultura el jueves 6 de septiembre de 1997 en el cementerio de Brookwood, situado en el condado más rico de Inglaterra, el de Surrey, al sur de Londres. Allí, en la necrópolis que comparten cristianos y musulmanes, yace el cuerpo inerte de un hombre que vivió quizás demasiado deprisa.

Su romance con Diana disgustó especialmente a la familia real, que no mantiene buenas relaciones con su padre. De hecho, el gobierno británico negó la nacionalidad a Mohamed al-Fayed, uno de los hombres que más impuestos paga cada año. Fue una pequeña 'vendetta' contra el hombre que sobornó a destacados políticos del Partido Conservador y que luego hizo

"La mujer que conocí era mucho más que una marca de moda, una imagen o, incluso, una princesa"

Hillary Clinton, esposa del presidente de los Estados Unidos

público el chantaje para demostrar su poder y evidenciar que la corrupción anidaba cerca de Downing Street.

Dodi se ha convertido en el primer miembro de la familia Al Fayed que es enterrado en suelo británico. Su padre compró el terreno hace tan sólo unos meses. Ahora sus restos descansan bajo una pesada losa de mármol blanco.

CAPITULO VII

Un modelo de mujer

e todos los apelativos que ha recibido lady Di, posiblemente destaca el relacionado con su labor humanitaria: 'la santa'. Hasta su divorcio de Carlos, la princesa era patrona de 115 organizaciones de caridad. Sus compatriotas veían que ella encarnaba el bien, el alivio y la esperanza que todo necesitado persigue.

Este agotador, y a veces poco eficaz, trabajo de visitar y atender a tantas organizaciones humanitarias —el exceso impedía atenderlas a todas como se debía—, provocó que Diana de Gales tomara una difícil determinación: renunciar a su puesto en la mayoría de las entidades para depositar su cuerpo y alma en tan sólo seis de ellas, las mismas que recibirán parte de la herencia de la princesa. Se trata de la Cruz Roja, la Misión de los Leprosos de la Madre Teresa de Calcuta, la Fundación Nacional contra el Sida, el hospital infantil londinense Great Omond, el hospital Royal Marsden y el centro de acogida de los 'sin techo', Centrepoint.

La Fundación Diana

La precipitada muerte de la princesa de Gales ha provocado que el palacio de Buckingham tenga que mostrar ante la opinión pública su aspecto caritativo, su trasfondo más humano, en un momento difícil para la institución monárquica británica.

Una forma de acallar próximas censuras fue la de acelerar los pasos para dar luz verde a la Fundación Diana, impulsada por particulares, pero en especial por el empresario Richard Branson. Una propuesta que inmediatamente fue aceptada por Lady Di —Branson era, además, amigo de la princesa—, aunque quien quiso anotarse el triunfo fue el palacio de Buckingham.

Tras su muerte, la familia Spencer ha decidido impulsar la creación de esta fundación, de la mano de Branson, fundador de Virgin Records y propietario, entre otros muchos negocios, de una compañía aérea. Esta fundación tiene por cometido administrar las donaciones de personas que desean ayudar a los necesitados. En Gran

Bretaña no había un organismo que centralizara y distribuyera esas ayudas. Por otra parte, los destinatarios de ese dinero no serán las seis organizaciones preferidas por Lady Di, sino todas las que precisen soporte económico. Los recursos también se emplearán a la hora de combatir casos concretos de injusticia y vulneración de los derechos humanos, así como en campañas humanitarias puntuales. Quien quiera hacer alguna donación en forma de cheque puede enviarlo al palacio de Kensington (Londres W8 4PU) a nombre de la Fundación en Memoria de Diana, Princesa de Gales. Un largo nombre que popularmente se ha reducido al de Fundación Diana.

Labor humanitaria

Sin duda, una de las facetas que más con-

"Fue una mujer muy buena y extraordinariamente compasiva con los más necesitados"

Madre Teresa de Calcuta, premio Nobel de la Paz

Carlos y Diana, en los días felices de su noviazgo

tribuyó a popularizar la imagen de Diana fue la de contribuir con numerosas causas humanitarias. La madre Teresa de Calcuta, fallecida el día antes que Diana fuera enterrada, destacó la sinceridad con que la princesa de Gales realizaba estas tareas. "En más de una ocasión me comentó que le encantaría quedarse unas semanas conmigo, ayudando al prójimo. Pero por su posición no podía hacer algo así".

Diana lideró la lucha contra las minas antipersonas y visitó en innumerables ocasiones a enfermos del sida. Sin duda, ha sido una de las personas en el mundo que más beneficio ha hecho a la lucha por la integración total de los enfermos del síndrome de inmunodeficiencia adquirida.

¿Adiós a Inglaterra?

En las tareas humanitarias se refugió Diana

"Figuras como la de Diana de Gales son importantes para las organizaciones humanitarias por su notoriedad y cobertura mediática"

José María Mendiluce, eurodiputado

---

para huir de una realidad que, en algunos momentos, la hacía enfermar. De no haber sido por esto y por sus hijos, Diana de Gales habría abandonado el Reino Unido y hubiera buscado escondite en algún otro lugar del planeta. Así se lo había manifestado al periodista más próximo a la princesa, Richard Kay.

La conversación que mantuvo con Kay constituyen las últimas declaraciones de Lady Di a la prensa. Diana telefoneó a Richard seis horas antes de que se produjera su muerte. "Me dijo que había decidido cambiar radicalmente su vida", asegura el periodista. "Su intención era dejar el patronazgo de todas las entidades benéficas y cancelar su campaña para la prohibición de las minas antipersonales. 'Sólo entonces podré vivir como siempre he deseado', me confesó".

Durante la conversación telefónica, siempre según la versión de Kay, Diana mostró su inquietud por cómo su popularidad podía afectar a Dodi, a quien no quería hacer ningún daño. La princesa también estaba contenta porque ese mismo fatídico domingo podría ver a sus hijos antes de que volvieran al colegio.

CAPITULO VIII

Los hijos

La de Diana fue una vida atormentada por los problemas matrimoniales. Fueron tantos los deslices y desaires que tuvo que soportar de Carlos y de la Casa Real británica que no tenía suficiente con aventuras esporádicos. Necesitaba una compañía más digna, más tierna, más cariñosa y delicada. Al final descubrió que ese amor que ansiaba para superar la depresión que le producían las aventuras extraconyugales de Carlos eran sus propios hijos, Guillermo y Enrique.

El primero tenía 15 años en el momento de la muerte de su madre; el pequeño estaba a punto de cumplir 13, ya que su cumpleaños es el día 15 de septiembre. Si el rostro de Diana ha dado la vuelta al mundo durante años y años y puede afirmarse sin temor a equivocación que ha sido la mujer más fotografiada del planeta, las imágenes que se tienen de la princesa con sus hijos son más bien escasas. No abundan en exceso porque Diana siempre se preocupó de preservar un ambiente de normalidad y felicidad para con sus hijos. No quería que ellos fueran acosados por los 'paparazzi'.

La princesa también se ganó la admiración del pueblo al aparecer en público abrazando a sus niños. No importaba que eso pasara cuando la familia estaba rota por el divorcio. Lo hacía igual que cuando el matrimonio todavía compartía techo real. Por el contrario, Carlos salía peor parado. Sobre todo en los primeros años de convivencia, cuando reconoció ante el pueblo británico que no le gustaba nada cambiar los pañales a sus hijos y que tenía poca paciencia con ellos.

Las únicas alegrías

El primogénito de Carlos de Inglaterra y Diana de Gales nació el 21 de junio de 1982, once meses después de la boda de la pareja. Enrique vio la luz el 15 de septiembre de 1984. Según las personas más allegadas a la princesa, Guillermo y Enrique han sido la razón de vivir de Diana. Gracias a ellos ha reído; gracias a ellos tenía esperanza; gracias a ellos no abandonó

Gran Bretaña una vez divorciada; gracias a ellos, en resumen, sintió las únicas y mayores alegrías de su corta existencia.

Es más, gracias a Diana los niños podían huir de ese hermetismo y esa gelidez que caracteriza a la familia Windsor. Con ella, y sin que les viera su padre, los pequeños podían cometer diabluras propias de su edad, impensables de realizar —totalmente vetadas— en presencia de la rama familiar paterna.

Así, los fines de semana Diana los sacaba de los internados en los que estaban recluidos y los tres iban a visitar parques de atracciones. En verano iba con ellos de vacaciones al Caribe o a cualquier otro lugar exótico, con playas paradisíacas. Lugares que los pequeños amaban.

El mismo día del funeral, el hermano de Lady Di, el conde Charles Spencer, aseguró durante la ceremonia religiosa que su familia ve-

---

"La tragedia ha privado al mundo de una voz comprometida en favor de la vida de los niños que sufren"

Comunicado oficial de la Organizaciòn de las Naciones Unidas

---

lará por la educación de los niños y criticó la rigidez desmesurada de la Casa Real.

El coraje de Guillermo

El príncipe Guillermo no ha sido una excepción a lo que desgraciadamente ocurre, ha ocurrido y ocurrirá en las casas reales de todo el mundo. Siendo todavía un apuesto joven, a él le tocó asumir la responsabilidad de una persona madura. Es como si el destino de reinar comportara tener que renunciar a los derechos que disfrutan todos los niños. La tragedia los empuja irremediablemente a las tareas de Estado, obligándoles a relegar el juego, la diversión, las horas de recreo que necesitan. Ante la aparición de la desdicha, Guillermo no ha sido una excepción. Con paso firme y compostura real ha sabido afrontar la muerte de su madre con serenidad.

Ha sido una serenidad y una presencia de ánimo que ha sorprendido a todos. Primero, por su entereza: sonriendo a la multitud cuando le daban el pésame. Segundo, por su amor: no ha dudado en acudir junto al cadáver de su madre, pese al trauma que eso le suponía. En tercer lugar, por su humanidad: el día del funeral permanecía cabizbajo, sin poder contener en todo

El príncipe Carlos sostiene al pequeño Guillermo

momento emociones tan fuertes e incontrolables.

El futuro de Carlos

Según la dinastía monárquica, Carlos está llamado a ser el futuro rey de Inglaterra, pero muchos analistas dudan de que esta posibilidad se llegue a cumplir. No porque no le corresponda, sino por el contexto en el que se halla.

Carlos se casó con Diana ante la perentoria necesidad de no prolongar más la soltería del príncipe. Pero no había suficiente con casarlo. Urgía que Carlos —y la Corona— tuviera un heredero.

Eran pocas las candidatas a ocupar el 'corazón' del príncipe. Finalmente, se escogió a Diana Spencer: ella sí estaba enamorada de quien pensaba que era su 'príncipe azul'.

La tarea no fue sencilla. De la terna de aspirantes, las mujeres que le gustaban a Carlos rechazaban el ofrecimiento de compartir trono o bien eran desestimadas por la reina Isabel II. Lo paradójico del caso es que en una ocasión Carlos tuvo como novia a la hermana de Diana, Sarah, quien decidió romper con el príncipe al ver la inestabilidad y escasa personalidad de quien estaba llamado a gobernar Inglaterra.

Las mujeres

Sea como sea, el primogénito de Isabel II y de Felipe de Edimburgo no ha tenido una vida de rosas. Fiel a la tradición que quería inculcar a sus hijos y que Diana intentó romper, fue educado en un institución modélica, lejos del alcance de los brazos de su madre.

Desterrado en Eton, Carlos fue objeto de las mofas de sus compañeros de estudios, que le hicieron objeto de sus burlas. Años después, ya en la adolescencia, tampoco le fueron bien sus relaciones con las chicas. La culpa no era exclusivamente de su físico —poco atlético y con un rostro poco agraciado—, sino básicamente de su timidez. Cuando se le acercaba una chica, su único recurso era bajar la cabeza, y con ella la mi-

---

"Ahora pienso en los hijos que perdieron a una madre maravillosa. Con la muerte de Diana se ha apagado un faro luminoso"

Margaret Thatcher, ex-primer ministra británica

Algunos de los objetos conmemorativos del enlace entre Carlos y Diana

rada, que se posaba en el suelo.

Su paso por la academia militar fue sin pena ni gloria. En todo caso, se puede subrayar que parece ser que se olvidó de sus modales aristocráticos y reales para cambiarlos por la rudeza y la brusquedad. Se lanzó a los placeres de la vida, gracias a su condición de príncipe. Tuvo varias relaciones, pero sus acompañantes femeninas duraban poco.

Buscando esposa

Finalmente encontró a Diana, la muchacha que le iba como anillo al dedo para cubrir su expediente matrimonial. A diferencia de las anteriores, Diana Spencer era decente y sumisa. Jamás supondría un obstáculo para que volviera a recuperar los escarceos amorosos.

De hecho, cuando Carlos y Lady Di se casaron, el príncipe seguía manteniendo a Camilla como amante. Camilla Parker-Bowles por

---

"Quiero desesperadamente a mi marido y espero compartir con él todas las cosas"

Diana, poco después de casarse con Carlos

---

matrimonio, Camilla Shand por nacimiento, no se había casado con Carlos porque conocía los sinsabores que da acceder a la corona. Prefería permanecer en la sombra y seguir siendo la amante de Carlos.

A la vista de todo este panorama, el futuro de Carlos es incierto. Le corresponde ser rey. Si su madre deja el trono siendo Guillermo tan joven como es, deberá ocuparlo. Pero si lo hace cuando el primogénito de los príncipes de Gales ya sea un hombre formado para llevar las riendas del país, es factible que Carlos abdique en favor de su hijo, como al parecer desea la mayor parte de los británicos. De todos modos, Carlos recibió tras el funeral una inesperada y valiosísima ayuda por parte de Tony Blair, que salió en su defensa. De momento, desparecida Diana, los Windsor han intentado recuperar sus costumbres. Para empezar, han llamado a Tiggy Lege-Bourke, la niñera que Lady Di detestaba y que fue impuesta por Carlos, que volvió a ocuparse de Guillermo y Enrique a conscuencia de la muerte de su madre. Tiggy se trasladó a Balmoral, a petición de la reina Isabel II, para que atendiera y consolara a los dos niños, al menos temporalmente.

CAPITULO IX

Una herencia multimillonaria

alcular la fortuna de Diana de Gales es algo difícil; se corre el riesgo de quedarse corto. Se sabe que gastaba mucho en salones de belleza, vacaciones y mantenimiento de sus propiedades. También se sabe que muchos gastos los tenía cubiertos por sus pretendientes o admiradores. El montante de toda su riqueza se conocerá ya entrado el año 1998, cuando se determine a cuánto asciende su testamento. En cualquier caso, la herencia de Diana, a efectos económicos —también a efectos humanitarios— es millonaria.

Así, mientras hay quienes afirman que el divorcio le supuso a Diana 3.500 millones de pesetas, otros aseguran que Lady Di supo cubrirse bien las espaldas y obtener 5.000 millones por el divorcio. Buena parte de esa cantidad fue abonada al contado, porque así lo exigía la princesa. Tal como estaban las cosas, a Isabel II no le tocó más remedio que ceder a las pretensiones de Diana y abrir la cartera.

A la citada cantidad de 5.000 millones habría que sumar otros 5.000, repartidos entre la herencia que recibió de su padre, el conde Spencer, fallecido hace dos años, las joyas que la reina Isabel II le regaló con motivo de su enlace con Carlos —pese a que algunas de ellas las tuvo que devolver como penalización por el divorcio— y diferentes propiedades a su nombre. Para sus gastos personales, Lady Di obtuvo también una compensación dineraria: 80 millones cada año.

Los hijos, principales beneficiarios

Sea cual sea el montante de la fortuna de Lady Di, sus hijos serán los únicos beneficiarios de la elevada herencia. No será a partes iguales, puesto que Guillermo, dada su condición de futuro rey de Inglaterra, heredará las rentas del ducado de Cornualles, ahora de su padre, que están valoradas en 2.500 millones de pesetas. Será, por tanto, Enrique, el segundo de la línea de sucesión al trono, quien reciba la mayor parte de la herencia de su querida madre.

Tanto Guillermo como Enrique verán cómo

su dinero es administrado por varios depositarios de confianza hasta que cumplan los 18 años. A partir de ese momento, podrán disponer libremente de su inmensa fortuna. El testamento ha sido elaborado por el abogado de la princesa, Anthony Julius, el mismo que se ocupó de acordar la compleja indemnización de Diana tras su aparatoso divorcio del príncipe Carlos.

Los hermanos

Al margen de sus dos hijos, el testamento de Diana también contempla el reparto de parte de su riqueza a sus hermanas Sarah McCorquodale y Jane Fellowes, ambas también con el tratamiento de ladys, y a su hermano Charles, conde de Spencer. En la relación también figuran su mayordomo personal, Paul Burrell, y las seis entidades de caridad que, según Lady Di,

---

"No quedéis, como tantos, eternamente afligidos, que hacen durar el luto en polvo mudo y lloran. Os ruego, por el contrario que volváis a la vida y sonriáis, infundiendo ánimo a vuestro corazón y a vuestras manos temblorosas para consolar a otros corazones"

Lady Sarah McCorquodale, hermana de Diana, durante el funeral

---

mejor velan por la salud física y humana de los desfavorecidos. De cualquier manera, la lectura del testamento no desvela qué cantidad se lleva cada uno de los beneficiarios, sino solamente el importe global de la fortuna de la princesa. Tras su divorcio, la princesa de Gales vivió en el palacio de Kensington. El palacio tiene 21 habitaciones y allí residía junto a otros miembros de la familia real: Margarita (hermana de la reina Isabell II), los duques de Gloucester y los príncipes de Kent. Aquella era una mansión de altos vuelos. Su nueva vida con Dodi, tal como pretendía, habría propiciado que la fortuna de Lady Di continuara casi intacta. Al heredero de Mohamed al Fayed no era dinero precisamente lo que le faltaba. Más aún, desde que se estrecharon los lazos sentimentales entre ambos, Dodi asumía todos los gastos de Diana.

CAPITULO X

La familia real, cuestionada

La trágica e irreparable pérdida de Lady Di ha tenido un efecto que sólo los más avispados podían predecir. La Casa Real británica, paradigma de la inexpresividad, y en ocasiones de la ausencia de sensibilidad y de olfato, se encuentra en una situación difícil. Entre otras razones porque la 'princesa rebelde' — otro de los innumerables y acertados calificativos con que fue nombrada la singular Diana— hizo lo posible en vida para 'vengarse' del repudio de que fue objeto y de las humillaciones que tuvo que soportar. Tras el divorcio, su objetivo prioritario era ser feliz, pero también minar esa vetusta institución que es la Casa Real y contribuir a que se produzca un cambio en el tradicionalista 'establishment' británico.

La desaparición de Diana ha puesto a la monarquía contra la pared. Poco antes del trágico suceso, los periódicos británicos se hacían eco de una encuesta de opinión que delataba que la mayor parte de los británicos ya no eran partidarios de la monarquía. La Corona se encontraba en su momento más bajo de popularidad y el encanto y 'glamour' de Diana no jugaba precisamente a favor.

Golpe de efecto

Pero, paradójicamente, la misma Diana se ha convertido en víctima y verdugo, en justiciera y salvadora de una institución oxidada. Porque el desquite que Diana buscaba lo ha tenido después de muerta. Cuando por fin había encontrado al amor de su vida, su fatal desenlace ha provocado que se desbordara una riada de sentimientos en su favor. Y ese triunfo, el de conseguir que millones de británicos se situaran a su lado y lloraran su irreparable pérdida, afecta a la Casa Real en una doble dirección. Primero, sin duda, como monumental crítica a una institución anclada en el pasado. Pero, también, en segundo lugar, como una tabla de salvación de la monarquía porque no debemos olvidar que Diana era la madre del futuro rey. Y tantas toneladas de cariño hacia ella significan que a los británicos también les queda una cuota de estima hacia Guillermo, el heredero.

Todo el proceso ha servido para reavivar el debate sobre el papel de la monarquía y ha obligado a Buckingham a abrirse al futuro. No gustó a nadie el mutismo de la Corona tras el suceso. En cambio, el primer ministro británico Tony Blair desarrolló una tarea fundamental y primordial a la hora de convencer a los Windsor para que accedieran a darle un tratamiento real —al menos en el funeral y de forma 'oficiosa'— a Lady Di. Un silencio que, a medida que pasaba el tiempo, hacía aumentar la censura contra Isabcl II. Un comunicado lamentando tan irreparable pérdida y sumándose al duelo nacional significó el inicio de la marcha atrás.

Concesiones

En esta tesitura, a los Windsor no les qucdó más remedio que dar su brazo a torcer y, como primera medida de atención al pueblo, permitie-

---

"Su muerte es lo más emotivo que me ha pasado en la vida"

Tony Blair, primer ministro británico

---

ron triplicar la longitud del itinerario del cortejo fúnebre para permitir que todo Londres se despidiera de su princesa. Era el mínimo moralmente exigible para apaciguar los ánimos y para dar satisfacción a la sociedad. Porque aquella soleada mañana de sábado en Londres —también un poco en todo el planeta— se desbordó la emoción y corrieron lágrimas de todos los colores. Gentes de distinta condición social cultural y religiosa, personas de todas las razas, se unieron en un sentimiento mutuo de pena y gratitud.

Modestia

La segunda acción de modestia de los Windsor para con su pueblo llegó acto seguido. Isabel II se encontraba junto a su marido, el duque de Edimburgo, y la reina madre en el castillo de Balmoral cuando sucedió la tragedia. Disfrutaban del final de las vacaciones de verano y también de la compañía de sus nietos. A diferencia de Carlos y de sus dos hijos, que inmediatamente abandonaron la fortaleza para estar cerca de Diana en la capilla del palacio de Saint James, la reina no tenía previsto acudir a la capital hasta el mismo día de la ceremonia fúnebre. Las críticas de la prensa y los comentarios de la calle lograron que, finalmente, variara los planes. Tras permitir la ampliación del recorrido fúnebre, los Windsor volvieron a Londres dos días antes de lo previsto, en un intento de acallar las cada vez más duras críticas. Antes, en otro gesto insólito, Isabel II compareció, junto a su hijo Carlos y sus nietos Guillermo y Enrique, en público, a la entrada del castillo de Balmoral, para rendir tributo a Lady Di y situarse junto a los ciudadanos que rendían tributo a la princesa con sus ramos de flores.

Un discurso crucial

El colofón a este cambio de actitud lo puso personalmente la reina Isabel II justo el día antes del entierro, cuando apareció en televisión para ensalzar la figura de la que había sido su nuera. Fueron tres minutos de discurso, en ri-

---

"Me apena mucho su muerte, pero no necesito salir en televisión para decir cuánto siento esta pérdida"

Phil Collins, cantante

---

guroso directo, pronunciado con la inexpresividad y frialdad típica de la Corona británica. Sin embargo, el contenido era totalmente novedoso. El mensaje fue breve, pero diafanamente claro.

La reina reconoció que quien se había ido era "excepcional, extraordinaria", que se había perdido a una persona que a todos nos había dado una lección de humanidad y bondad. "Yo admiraba y respetaba a Diana (...); lo que os digo, como vuestra reina y vuestra abuela, lo digo desde el fondo de mi corazón (...); no resulta fácil expresar lo que supone esta pérdida (...)". "A la consternación inicial le siguen la incredulidad, la incomprensión y la irritación". Isabel II reflexionó en voz alta y mandó un mensaje de apoyo a su pueblo. Sorprendió, además, que no grabara el discurso y decidiera afrontar los riesgos del directo televisivo. Todo un síntoma de que algo estaba cambiando en Buckingham.

La protesta de Charles Spencer

La tensión vivida en los días previos al funeral estalló de forma virulenta en la voz de Charles Spencer. Ante miles de millones de te-

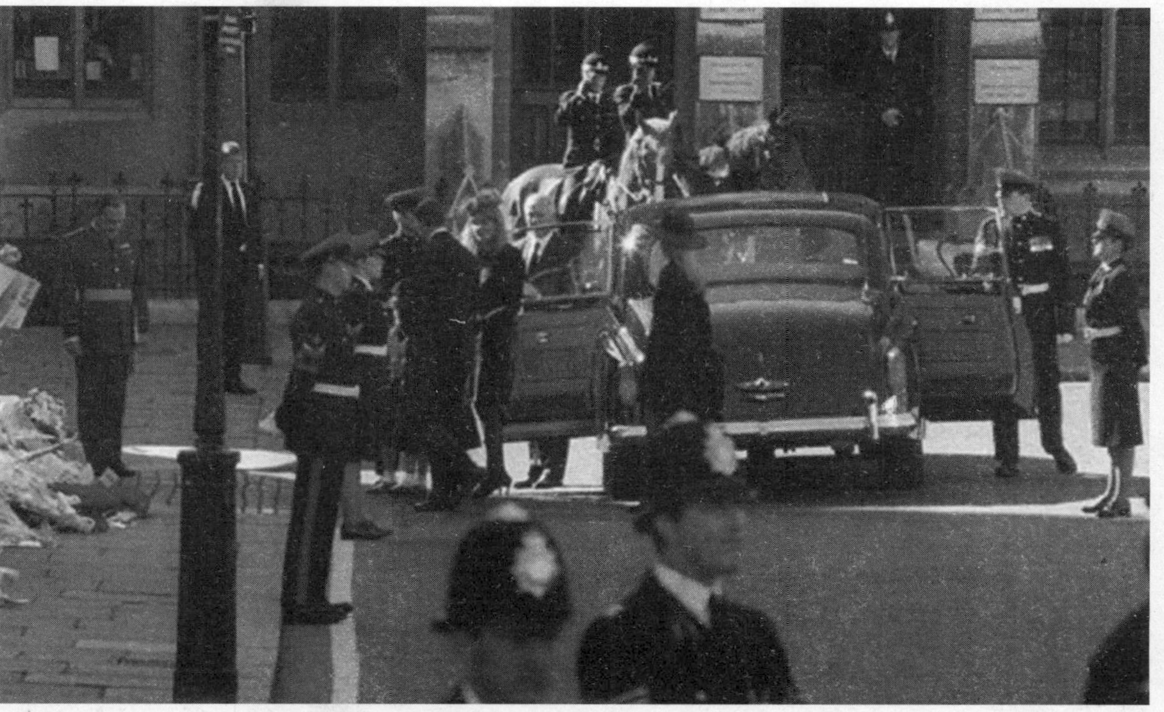

Los duques de York, Andrés y Sarah, asistieron juntos al funeral por Lady Di

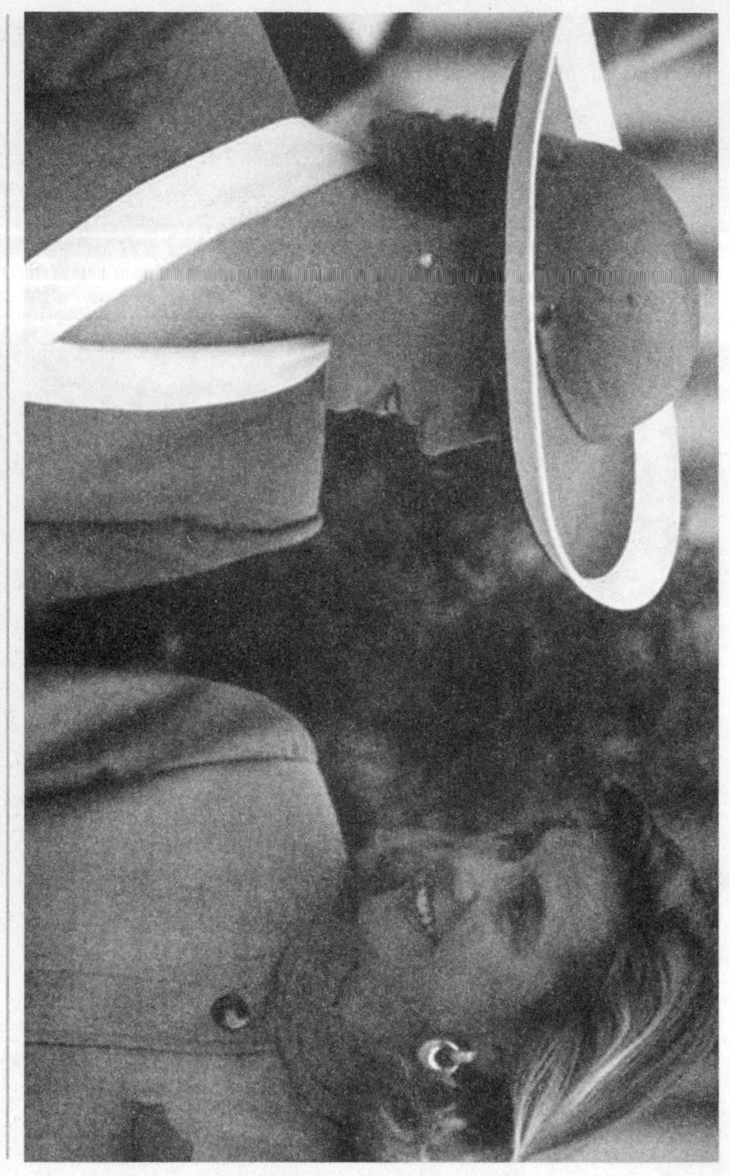

Diana y la infanta Cristina conversan amigablemente durante un viaje oficial a España

levidentes de todo el mundo echó en cara a los Windsor que hubieran obligado a Diana a renunciar a un título legítimo como el de Su Alteza Real, una vez se consumó su divorcio de Carlos, tras una larga y ardua negociación de carácter económico.

Homenaje a Diana

Esas palabras, pronunciadas en el marco incomparable del funeral, significaron también un encendido homenaje a su hermana. Dijo de ella que había sido un ser humano de cualidades únicas y una mujer que nunca será olvidada. En directa alusión a la familia Windsor agregó: "Velaré para que tus hijos no sucumban sólo al deber y a la tradición". Un mensaje que contenía una crítica implícita que no pasó desapercibida para nadie.

De hecho, Charles Spencer se convirtió en

"He perdido a una hermana y a una gran amiga"

Sarah Ferguson, duquesa de York y cuñada de Diana

---

el gran protagonista de la última jornada de Diana. Él y el cantante Elton John protagonizaron los momentos más emocionantes del día. El parlamento de Spencer provocó una sincera y cálida ovación, tanto por parte de los presentes en la iglesia como de las miles de personas que seguían el acto en el exterior, a través de una pantalla gigante. Durante toda la ceremonia, el conde Spencer no cedió ni un ápice de protagonismo a la familia con la que estaba emparentada su hermana y mostró una gran entereza de carácter.

CAPITULO XI

Guillermo, el mito Diana continúa

l entierro de Lady Di permitió comprobar que el pueblo británico cuenta con un nuevo ídolo: el príncipe Guillermo. Hay quien afirma que el pequeño y su madre son almas gemelas. Tanto que, cuentan las malas lenguas, Carlos de Inglaterra cuando vio a su hijo nada más nacer, frunció el entrecejo en señal de disconformidad por el enorme parecido que tenía el primogénito con su madre.

Lo cierto es que, desde siempre, Guillermo y su hermano pequeño Enrique han recibido el respaldo enfervorizado de los británicos. Una devoción que estos días se ha intensificado. La prensa británica, que no ha hecho más que reproducir el eco de los comentarios de la calle, ha recordado cómo ha sido el clamor popular. El 6 de septiembre, de difícil olvido para la mente, permitió oir frases como "Guillermo, Enrique, os queremos, que Dios os bendiga", pronuncia-

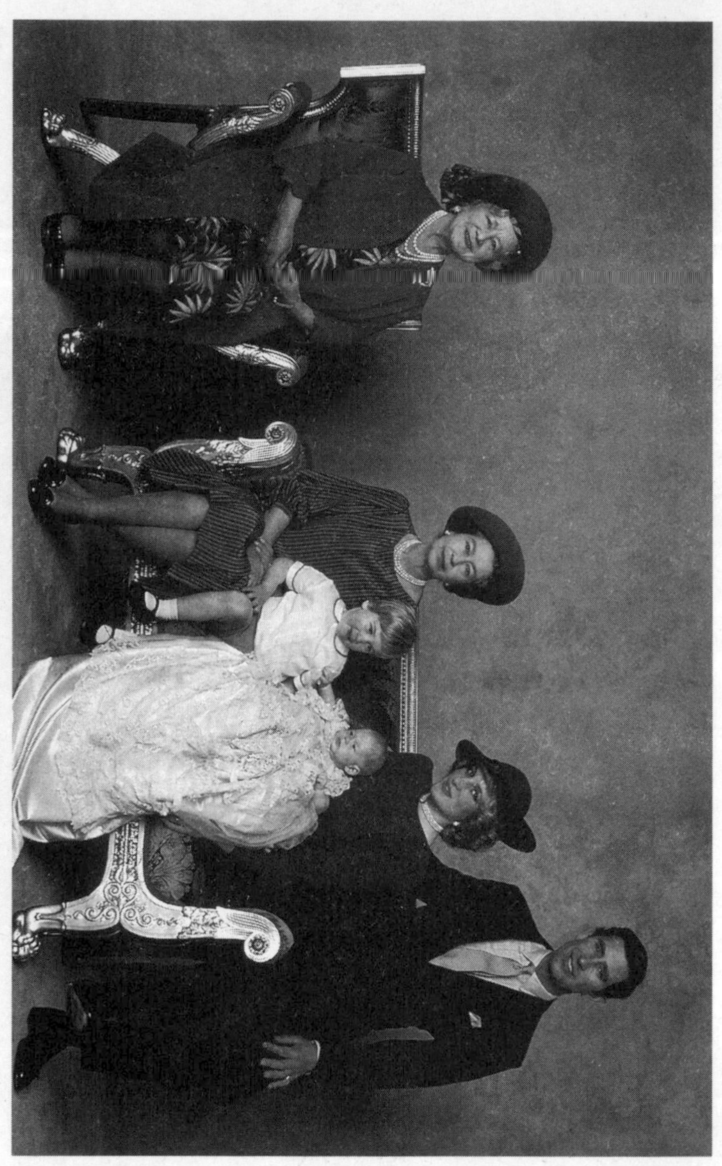

Foto de familia, en la que aparecen los príncipes de Gales, sus dos hijos, la reina y la reina madre

das entre sollozos por británicos que se dirigían a los niños a su paso camino de la abadía de Westminster.

Los problemas matrimoniales de sus padres, que acabaron siendo aireados ante las cámaras de televisión, y el posterior divorcio, no hicieron más que incrementar ese sentimiento de compasión del pueblo británico hacia los jóvenes príncipes.

Querido por los británicos

Por su condición de futuro rey, Guillermo acapara las atenciones y mimos de la gente. La misma que sabe que no hace mucho, una vez consumado el divorcio de sus padres, prometió que no estaría lejano el día en que iba a resarcir a su madre de los agravios que tuvo que sufrir en Buckingham.

"En este mundo hay muy poca gente como Diana que trabaje con tanta devoción por los desheredados"

Imran Jan, ex-campeón paquistaní de cricket y amigo de la princesa Diana

---

Guillermo, cuyo físico es más Spencer que Windsor, estudia actualmente el equivalente al bachillerato en la misma institución académica en la que años atrás estudió su padre, Eton. Su timidez —heredada tanto de su padre como de su madre— no ha sido óbice para que hiciera aflorar sus sentimientos en situaciones que le desagradaban profundamente. Como por ejemplo con motivo del divorcio de sus padres. El joven se indignó con su padre porque Diana había sido desposeída del título de alteza real y de otros privilegios. Fue entonces cuando prometió que, una vez coronado rey, haría lo indecible para que su madre tuviera el reconocimiento oficial que se merecía.

Fueron momentos díficiles para Guillermo, al que sus amigos prefieren llamar Wills, diminutivo cariñoso de William. Su madre le comunicó que se iba a divorciar de su padre, aunque aún le seguía queriendo. La princesa le contó a su hijo que la relación con su padre era imposible, ya que su matrimonio estaba formado por tres: él, ella y Camilla.

La papeleta de Carlos

La complicada papeleta que se le presenta a

Carlos no es fácil de resolver. Nunca ha demostrado una especial predilección por los niños, por la sencilla razón de que ha sido educado para no mostrar este tipo de entusiasmos y afectos. En cualquier caso, su deber de padre con Guillermo será más difícil que con Enrique. El pequeño es más extrovertido y tiene un carácter muy abierto. A diferencia de su hermano, Guillermo se parece más a su madre, con una apariencia casi melancólica. Carlos tampoco olvida que su hijo primogénito salía a menudo en defensa de Diana, ese ser débil que se resistía a aceptar algunas decisiones de la apisonadora de poder de los Windsor.

Un hecho que prueba que Carlos no congenia con los niños es que estando casado con Diana contrató a la niñera Tiggy Legge-Boume para que se ocupara de la educación de los pequeños. Diana se opuso porque era ella quien quería cuidar y educar a sus hijos, muy especialmente al "príncipe tímido". La princesa insistía en llevar a los niños a los viajes oficiales siempre que era

---

"Diana siempre tuvo el ardiente deseo de ayudar a los niños más enfermos"

Nelson Mandela, premio Nobel de la Paz

---

posible. Carlos, sin embargo, no estaba por la misma labor.

Esperanzas puestas en Guillermo

En una de sus últimas entrevistas, la princesa Diana manifestó que había puesto toda su confianza en el príncipe Guillermo. De él esperaba que fuera el garante de la monarquía en Gran Bretaña, según ha publicado la revista norteamericana New Yorker.

A preguntas de la directora de la revista, Tina Brown, la princesa reiteró lo que ya manifestó en 1995 al ser entrevistado por la BBC: que no creía que Carlos tuviera madera de líder. "Todas mis esperanzas están centradas en el príncipe Guillermo. Es demasiado tarde para el resto de la familia".

En la ya célebre entrevista, la princesa de Gales manifestó que, de no haber sido por las infidelidades de Carlos, ella también podía haber sido una buena reina de Inglaterra. La princesa tenía un curioso, pero eficaz concepto de la labor de los monarcas, en el que las labores están perfectamente repartidas entre la pareja. "Yo podría haber estrechado manos toda la noche. Y Carlos podría hacer discursos serios".

El futuro de Carlos como sucesor de su madre en el trono no parece nada claro. La totalidad de los príncipes de su generación ya son reyes, pero él sigue esperando. Mientras, cada día que pasa cobran más fuerza las palabras de Diana. Guillermo se perfila como el sucesor de su abuela, mientras que su padre parece definitivamente arrinconado en la línea sucesoria.

La reina, que es, a fin de cuentas, quien tiene la llave de la sucesión, guarda un silencio sepulcral sobre la identidad de quien habrá de sucederle cuando llegue el momento. Isabel II sabe que mientras ella permanezca al frente de la nave, la institución monarquica sobrevivirá a cualquier inconveniente. Con otro patrón al timón, la monárquica Inglaterra podría llegar a reconsiderar el papel del soberano como jefe del Estado.

"El tiempo es demasiado lento para los que esperan, demasiado rápido para quienes tienen miedo, demasiado largo para los afligidos, demasiado corto para los alegres... Pero para los que aman, el tiempo es una eternidad"

Lady Jane Fellowes, hermana de Diana

Pocas ganas de ser rey

Sin embargo, Guillermo no parecía tener un especial deseo por ocupar algún día el trono de su país. Cuentan que el joven príncipe explicó a sus padres que no quería ser rey, que prefería llevar una existencia normal, sin tener que soportar el peso de la corona sobre sus hombros.

Con el paso del tiempo, parece que Guillermo se ha rendido a la evidencia de que algún día será el soberano de los británicos. Ya no habla de llevar una vida normal, aunque, a sus 15 años, aspira a relacionarse con los chicos y chicas de su edad dentro de un ambiente lo más natural posible. Su innegable atractivo físico le convierte, además, en un personaje muy popular entre las adolescentes. Su foto comparte pared con las del actor de moda o el rockero de éxito.

Por el momento, la prensa ha respetado bastante al joven príncipe, aunque cada vez está más pendientes de sus movimientos. Ya han aparecido las primeras informaciones sobre la actitud cariñosa del joven heredero con algunas jovencitas, en el transcurso de una fiesta.

La muerte de su madre y el final de la adolescencia pueden marcar un cambio radical en la política de la prensa sensacionalista en lo que respecta a la persecución del príncipe Guillermo.

Diana siempre intentó preservar la intimidad de sus hijos, consciente de lo que significa no disponer de vida privada. En una entrevista después de su divorcio, Lady Di expresaba sus dudas sobre la posibilidad de volver a contraer matrimonio algún día. La princesa aseguró que tenía serias dudas de que alguien pudiera llegar a aceptarla: "¿Quién va a quererme? Cualquiera que me lleve a cenar tiene que aceptar el hecho de que su vida aparecerá en los periódicos. Estoy más segura sola".

Diana no quería que algun día sus hijos se encontraran en su misma situación. El conde Spencer, hermano de la princesa de Gales, se comprometió ante el cuerpo inerte de su hermana a defender "con mi sangre" la intimidad de sus sobrinos.

Guillermo y su hermano menor Enrique

"De Diana nos queda al menos el recuerdo de su dedicación a los niños y a la caridad"

Bill Clinton, presidente de los Estados Unidos

---

pueden verse involucrados en una lucha desigual entre sus abuelos y su padre contra su tío Charles Spencer. El hermano de la princesa está decidido a ocupar el lugar que dejó vacante su hermana a la hora de dirigir la educación de los príncipes. La idea de una buena educación es diferente según el cristal con el que se mire: el de la reina Isabel II o el del noveno conde de Spencer.

La muerte de su madre sorprendió a Guillermo en un momento emocionalmente delicadso. Incluso muchos especialistas habían advertido sobre el riesgo de que el joven cayera en una crisis. Sin embargo, su comportamiento durante las honras fúnebres permitó ver la madurez y el sentido de la responsabilidad que adornan la personalidad del joven príncipe.

Un susto que quedó en nada

El primer encontronazo de Guillermo con la prensa se produjo cuando era un niño. Un día sufrió un absurdo accidente que, sin embargo, pudo tener graves consecuencias. Un compañero de clase impactó en la cabeza del heredero con un palo de golf. Guillermo perdió el sentido y rápidamente cundió la alarma.

La cosa no pasó a mayores, pero los medios sensacionalistas británicos no dudaron en especular sobre las posibles consecuencias del golpe y la posibilidad de que Guillermo no quedara en plenitud de facultades mentales. El príncipe se recuperó rápidamente. En aquella ocasión, Diana veló a su hijo durante dos noches. Carlos, en cambio, prefirió ir a la ópera la segunda noche.

La longevidad de los Windsor, no olvidemos que la reina madre goza de un excelente estado de salud a sus 97 años, juega también en favor de Guillermo como sucesor de la reina Isabel. La soberana se encuentra en perfecto estado de salud y, hoy por hoy, es la mejor opción para una institución monarquica desgastada por los escándalos, hasta que Guillermo llegue a una edad razonable para asumir la corona.

"Ellos mostraron en todo momento un coraje y una dignidad que condujo a la nación que los observaba a las lágrimas"

Artículo publicado en The Times, refiriéndose al comportamiento de Guillermo y Enrique durante el funeral por su madre

---

Cuando llegue ese día, ya en el siglo XXI, los británicos buscarán en Guillermo algún destello de los que se ha dado en llamar el 'Efecto Diana'. Una virtud que sirva para adaptar a los nuevos a tiempos una institución monárquica anquilosada. Entonces se podrá ver si el parecido entre madre e hijo se limita a una simple cuestión física o si, por el contrario, el espíritu de Diana vive en su hijo.

CAPITULO XII

Rumores, rumores y más rumores

ara la mayoría, la posibilidad de un atentado mortal contra la princesa no deja de ser una invención del peor gusto, una mentira fabulosa o una patraña creada por personas sin escrúpulos. Pero ante el estado de choque, de conmoción y de sorpresa que los ciudadanos de todo el mundo vivieron —en especial en el Reino Unido—, hay quien se niega a descartarla; es más, la defiende a ultranza.

Como es normal siempre que muere una personalidad que llega a la altura del mito, hay mucha gente interesada en fomentar extrañas opiniones que ponen en duda la explicación oficial sobre la muerte. John Fitzgerald Kennedy, Marilyn Monroe, James Dean o Elvis Presley fueron y siguen siendo objeto de extrañas fabulaciones sobre su desaparición. Lunáticos, visionarios o simplemente aprovechados son los que fomentan esta clase de increíbles hipótesis.

La teoría de la conspiración tiene todos los ingredientes de un crimen de Estado perfectamente organizado. Y en este caso los rumores se han extendido para indicar que el complot ha tenido como resultado la vida segada de la princesa. Nombres de los autores-instigadores no faltan. Los hay para todos los gustos. Desde el MI-5, que es el servicio secreto de Isabel II —algo así como la CIA británica—, hasta la hipótesis de un asesinato racista, pasando por la posibilidad de la existencia de una confusa trama instigada por traficantes de armas que no quieren que nadie ponga fin a su próspero negocio de venta de minas antipersonales.

Los rumores sobre un posible atentado llegan desde muchos puntos. Uno de los más curiosos alentadores de la teoría de la conspiración fue el líder libio Muamar el Gadafi, que tardó pocas horas en realizar unas declaraciones en las que acusaba del supuesto crimen a agentes británicos que actuarían con un móvil racista. Desde Egipcio, la patria de Mohamed al Fayed y de su hijo Dodi, también llegaron rumores en el mismo sentido.

El prestigioso diario francés Le Monde recogía esta suposición expresada por Mena, la agencia de noticias oficial egipcia. Según esta fuente, los ingleses nunca habrían aceptado a un musulmán egipcio como padrastro del futuro rey. El rotativo francés añadía más datos para alentar el culebrón: la comunidad iraní de Kensington está convencida de que la princesa y Dodi fueron asesinados. Una teoría difícilmente creíble, pero que seduce a los más crédulos.

Además, las hipótesis no quedan ahí. Otro prestigioso rotativo, en este caso el británico The Times, publicaba una carta de un ciudadano árabe que aseguraba que los frenos del Mercedes 280S fueron manipulados por agentes británicos "pagados por vuestra reina".

La noticia seguía. Ese mismo día se supo que el coche en el que viajaban Diana y Dodi la noche del accidente, y que había sido contrata-

---

"En Buckingham Palace, en Balmoral, en Windsor, en Saint James, en la mansión de Highgrove, Diana descubrió (¡qué mal educaba a la nueva generación la aristocracia inglesa!) que la nobilísima Casa de los Windsor estaba hecha de la misma estofa que las familias plebeyas y sujeta a idénticas sordideces y vulgaridades"

Mario Vargas Llosa, escritor

---

do a una empresa de alquiler de vehículos de lujo casi desconocida, había sido robado pocas semanas antes. Al parecer, siguiendo con el hilo de esta argumentación, una vez recuperado el Mercedes se procedió a cambiar el sistema de frenado y se trucó el motor para que alcanzara una progresiva aceleración.

La imaginación llega a tal extremo que hay quien sostiene una trama digna de una historia de ciencia ficción, según la cual la Casa Real británica no podía tolerar que la princesa abrazara la fé islámica. Hay que recordar que anteriormente se vinculó a Diana con el cardiólogo y cirujano de origen paquistaní Hasnat Khan, musulmán practicante. Según estas elucubraciones, en brazos de Dodi, Diana volvía a abrazar el mundo de la religión árabe. Algo que era una pesadilla para Isabel II, responsable de la iglesia anglicana.

Especulando por Internet

Si bien la red de redes que es Internet ha servido para que ciudadanos de todo el mundo puedan expresar su sentimiento de dolor y sus condolencias por la muerte de la princesa, la red también ha servido para que miles de personas expresaran sus dudas sobre lo sucedido.

Bajo este prisma, el ciberespacio ha valido para reforzar esta premisa del atentado, propagando puntos de vista que harían sonrojar a los guionistas más imaginativos de Hollywood. La pregunta principal que se hicieron los internautas y que intentan responder es: "¿A quién beneficiaba la muerte de Diana?". A partir de ahi, elucubraciones, maquinaciones y montajes de todo tipo.

La imaginación al poder

Uno de los planteamientos más inverosímiles e imaginativos que circularon por Internet hacía referencia a una supuesta trama de espiona-

"Diana era consciente de su magnetismo personal. Ahí mismo, de repente, había un hombre a quien ella deseba cautivar. Su deseo, como más tarde le confesaría al oficial James Hewitt, le asustaba y la excitaba al mismo tiempo"

Del libro 'La princesa enamorada', de Anna Pasternak

je internacional. La teoría señala que los responsables del suceso luctuoso fueron espías norteamericanos, británicos y franceses. Una vez realizado el trabajo, aunaron fuerzas y criterios para ofrecer una versión conjunta y sin fisuras del accidente.

Inyección de alcohol

Los inventores de esta disparatada idea apuntan que los primeros 'paparazzi' en llegar al lugar del accidente eran agentes, que le habían administrado una solución alcohólica al conductor Henri Paul, para que cuando se le practicara la prueba de la alcoholemia pareciera que conducía en estado de embriaguez.

Por lo que se refiere a Diana, esta imaginativa teoría sostiene que aunque sobrevivió al fortísimo choque, fue asesinada cuando era conducida al hospital. La muerte le llegó tras serle inyectada una sustancia en la sangre. Dos inyecciones que bastarían para lograr el objetivo y establecer las necesarias coartadas. Esta sería la razón por la que el anuncio del fallecimiento no fue inmediato, sino que se habría tardado más de cuatro horas en hacerlo público. El móvil del crimen es el ya apuntado anteriormente: evitar

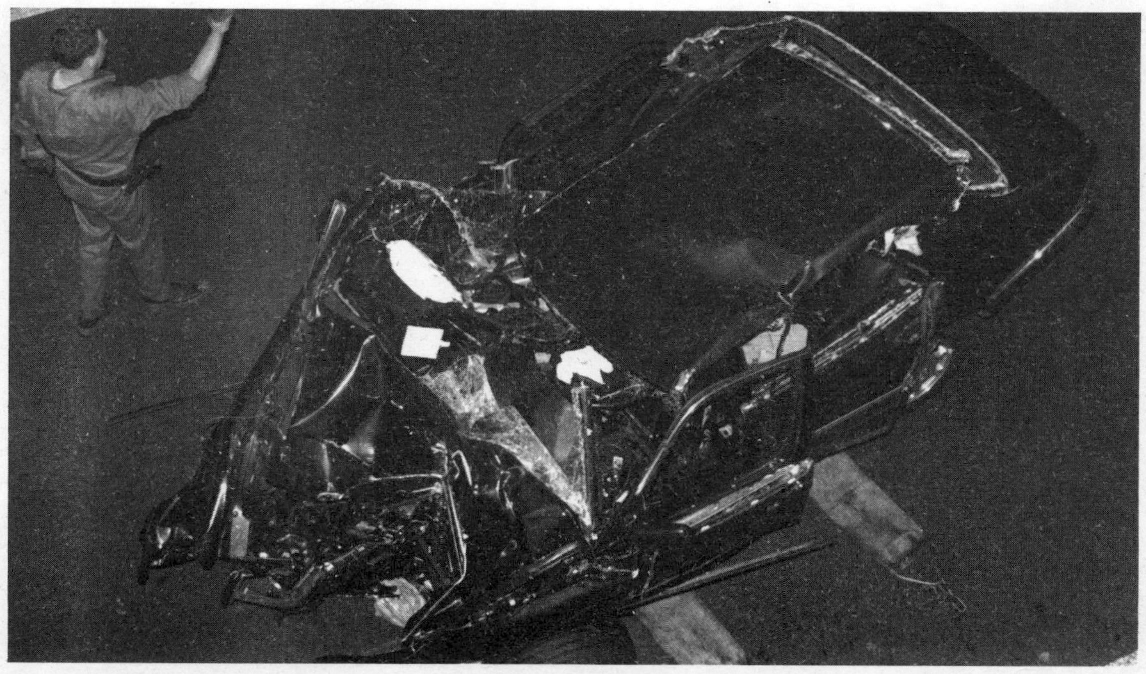

El coche en el que viajaba Lady Di quedó completamente destrozcdo

que Diana se casara con un musulmán.

La red permite acceder a todo tipo de opiniones y extraños vaticinios acerca de este caso. Un individuo que se hace llamar Sollug asegura que ya había anunciado la muerte de Diana. Se proclama a sí mismo como el Nostradamus de los 90. Sobran las palabras.

APÉNDICE

Cronología

1961

1 de julio de 1961: Nace Diana Frances Spencer en una aristocrática familia. Es la tercera hija del octavo conde Spencer, Edward John Spencer, y de Frances Ruth Burke-Rocha, también conocidos como Lord y Lady Althorp.

1969

El matrimonio entre los padres de Diana se disuelve. Su padre logra ganar la batalla legal para obtener la custodia de sus hijos. El divorcio de Lord y Lady Althorp marca la infancia de Diana, quien años más tarde criticó a su madre por haberla dejado.

Hasta *1977*
Diana de Gales es educada en el selecto internado de West Heath, en el condado de Kent, situado en el sur de Inglaterra. Finaliza sus estudios en Suiza, adonde acudió para perfeccionar sus conocimientos de francés. Posteriormente busca trabajo como puericultora en Londres. Su hermana Sarah le presenta a Carlos en la casa familiar de Althorp.

1980
El amor parece hacer mella en Carlos y Diana. Son los años en los que la Casa Real busca a una mujer que haga sentar la cabeza al príncipe mujeriego.

1981
5 de febrero: Carlos se declara a Diana duran-

"La princesa encarnaba a la mujer de este tiempo, universalmente sentida como propia por el puntual relato de su vida"

Vicente Verdú, ensayista y periodista

te una cena en Buckingham Palace. Isabel II, satisfecha, da su aprobación.

24 de febrero: Se produce el anuncio oficial del enlace de la pareja.

29 de julio: Es el día esperado. Carlos y Diana contraen matrimonio en una suntuosa boda en la que brilla la opulencia. La ceremonia se celebra en la catedral de Saint Paul. Isabel II pagó seis millones de pesetas por una celebración que congregó a 118 selectos invitados. La fotografía de ambos besándose en el balcón del palacio de Buckingham acentuó todavía más la exaltación popular.

1982

21 de junio: Nace Guillermo, primer hijo de la pareja, once meses después del matrimonio.

"La historia de amor —por llamarla de algún modo— entre el príncipe Carlos y la hija del conde Spencer no tenía probabilidad alguna de acabar bien"

José Luis de Villalonga, escritor

1984
15 de septiembre: Nace Enrique, segundo hijo.

1985
Aparecen las primeras informaciones de prensa señalando que han surgido dificultades en el matrimonio real.

1986
Trasciende la relación con Camilla Parker-Bowles, mujer a la que Carlos considera el amor de su vida. Diana desarrolla unas alteraciones nerviosas que le acaban provocando bulima. La pareja aparece junta en público, pero en privado los dos hacen vidas separadas.

"La monarquía se encuentra en una encrucijada y va a tener que resistir la tentación de atrincherarse en sus castillos tras el fallecimiento de Diana"

Jonathan Dimbleby,
periodista, biógrafo oficial del príncipe Carlos

1990
Los 'paparazzi', que han estrechado la vigilancia sobre la pareja, captan una fotografía en la que se ve a Carlos abrazando a su amiga Penny. La publicación de la imagen en el tabloide The Sun sirve para profundizar las que todavía eran incipientes fisuras en la relación matrimonial de la pareja. La Casa Real desmiente que haya crisis, pero el corazón herido de Diana se resiente cada vez más.

1992
Junio: 'Diana, su verdadera historia' se convierte en un récord de ventas. Es la primera biografía de la princesa, escrita por el periodista Andrew Morton. A lo largo de sus páginas se airean algunos asuntos sucios de la vida de Carlos y Lady Di y se da a conocer aspectos oscuros de su vida: la bulimia, los intentos de suici-

---

"Si Carlos no ofrece pruebas de amor, su desdén aristocrático le puede abocar a la irresponsabilidad arrogante"

Anthony Holden, escritor y biógrafo del príncipe Carlos

---

dio, las depresiones. Todo con el objetivo de llamar la atención de su marido e intentar salvar un matrimonio que empieza a hacer aguas. Para la redacción de su biografía, Diana cooperó con el periodista mediante amigos. El disgusto de la Casa Real es mayúsculo.

25 de agosto: La prensa sensacionalista publica fragmentos grabados de la cariñosa conversación entre Diana y James Gilby, al que llama "calamarcito". Gilby responde diciéndole que la ama.

Noviembre: El viaje de Carlos y Diana por Corea del Sur es un calvario para ambos, que se muestran distantes y serios entre ellos. Da la

---

"Incluso los más devotos de la monarquía de cuento de hadas perciben que éste es un capítulo final. En el futuro, las princesas sólo pertenecerán a los cuentos de hadas"

Editorial publicado en el periódico The Observer, tras la muerte de Diana

---

impresión, luego corroborada, de que no se hablan.

9 de diciembre: El primer ministro británico John Major anuncia ante la Cámara de los Comunes la separación de la pareja. Diana se encuentra con una opinión pública que está en su contra.

1994
Septiembre: Nuevo elemento para el escándalo. La periodista Anna Pasternak publica el libro 'Princesa enamorada', en el que, basándose en confesiones del ex-oficial de caballería James Hewitt, desvela que Diana mantiene una relación sentimental con éste. A pesar de que el

"Será recordada como la chica plebeya que se casó con el heredero de los Windsor y combatió desde dentro los vicios de la institución, llegando a renunciar a la corona y a divorciarse por no dejar sus principios. Para la monarquía llegan tiempos difíciles"

Polly Toynbee,
articulista de The Independent

libro fue tachado de falso, Diana reconoció posteriormente que había existido esa aventura, y que adoraba a Hewitt.

1995
20 de noviembre: Lady Di concede una entrevista a la BBC en la que admite su adulterio con Hewitt, al tiempo que pone en duda la capacidad de Carlos para reinar.

20 de diciembre: El palacio de Buckingham confirma que la reina Isabel II acepta que la pareja se divorcie.

1996
28 de febrero: Diana declara que el divorcio la ha sumido en los peores momentos de su vida.

4 de julio: Los abogados de Carlos, tras diez se-

"Hay un cierto cinismo en la reacción popular contra la prensa. Los periódicos se han vendido estos días más que nunca. La necesidad de morbo es insaciable"

Max Hastings, director del The Evening Standard

manas de negociaciones, llegan a un acuerdo con el representante legal de Diana.

12 de julio: Carlos y Diana aceptan los términos del divorcio. Diana percibirá una cantidad de 26 millones de dólares pero a cambio tiene que renunciar al título de alteza real.

13 de julio: Diana no puede contener la impresión que le ha supuesto el divorcio y, por primera vez, llora en público.

16 de julio: Diana, que preside más de cien instituciones benéficas, anuncia que renuncia a esos honores porque prefiere hacer una mayor entrega personal, diseñando un tipo de colaboración y participación más activa. Confiesa que busca una mayor implicación en las tareas de ayuda al prójimo.

"Cuando unos años después Diana se convirtió en mito erótico, su marido ya hacía tiempo que prefería en la cama la compañía de otra mujer"

José Antonio Marina, filósofo

28 de agosto: Es la fecha oficial del divorcio pactado por los asesores legales de Carlos y Diana. Además de la compensación económica en metálico, Diana obtiene plena libertad para poder ver a sus hijos y mantiene su residencia en Kensington. Con el ánimo de intentar olvidar la tensión de las últimos meses, Lady Di se lleva a sus hijos de vacaciones al Caribe.

1997

13 de enero: Diana llega a Angola en su cruzada mundial en contra de las minas antipersonales.

25 de junio : La actividad de Diana en pro de las entidades de beneficiencia tiene cifras: consigue recaudar 3,2 millones de dólares en favor de la causa humanitaria.

"Todo el mundo la alaba, incluso las más altas instancias italianas, aunque sus 'acciones humanitarias' no eran más que una hábil estrategia de relaciones públicas"

Franco Zeffirelli, director de cine

7 de agosto: Aparece el primer reportaje en el que se afirma que Diana está enamorada de Dodi al Fayed. La prensa especula con que por fin la princesa ha encontrado el amor.

8 de agosto: La presencia de la princesa de Gales en Bosnia, en su particular lucha contra las mina, adquiere un interés inusitado.

9 de agosto: Salen las primeras fotos de Dodi y Diana en una actitud que es reveladora del amor de la pareja. Un fotógrafo toma imágenes de actitudes cariñosas. Es la confirmación del romance.

22 de agosto de 1997: Dodi y Diana ponen fin a sus vacaciones en el Mediterráneo.

"Deseo de todo corazón que alguien llore de verdad por Diana. Los sufrimientos reales son terribles. Los sufrimientos fingidos, esperpéntico"

José Antonio Marina, filòsofo

---

31 de agosto de 1997: Diana y Dodi cenan en el hotel Ritz de París. Se intercambian valiosos regalos y montan en un Mercedes. Le sigue un grupo de fotógrafos. El coche en el que viajaban sufre un accidente y mueren. En ese momento nace un mito, el de la nueva heroína del pueblo británico.

"El destino ha convertido a Diana en una alegoría. Ella simbolizaba perfectamente la mujer de su edad y de su época, las incertidumbres de la vida contemporánea"

Jan Morris, escritora